하늘정원
애올다리 위로는

송선호 희곡

하늘정원

· 애올다리 위로는

동문출판사

머리글

이번에 펴내는 두 편의 희곡은 실제로 일어난 사건에 근거한
것입니다.

죄를 씻으려는 몸짓과 구원을 얻으려는 소란.

극중에서 등장인물들은 그렇게 속죄와 염원의 의식儀式을 치
릅니다.

구태여 허구의 세계를 꾸며서 이야기를 만드는 것은 정화를 통
해 위안을 얻으려는 바람 때문입니다.

이같은 이야기를 전하고 듣는 일이 또 다른 의식儀式일 수 있다
는 믿음을 가져봅니다.

2022년 이른 봄
양수리에서
송선호

차 례

하늘정원

불빛 바다 위에 떠도는 유혹의 섬

초연 - 〈하늘정원〉

2020. 8.21 - 30
미마지아트센터 물빛극장. 서울
극단 유랑선

등장인물

모건

여울

마리

은솔

별하

이진

온유

릴리 삼촌

시온

1.

1. 스터디 룸 '스테어웨이Stairway'

평범한 건물의 사무 공간. 정면에 스크린, 왼쪽에 홍보용 배너, 오른쪽 벽에 스티커 레터링 'Stairway'.
영상으로 강의가 진행되고 있다.
강의 주제 - 자립과 연대.

영상 속 강연자의 목소리 국가의 자립, 도시의 자립, 지역의 자립, 단체와 기관의 자립, 기업의 자립, 가족의 자립, 그리고 가장 중요한 개인의 자립. 여러분들은 우리가 자립한 국가에서 살고 있다고 생각하십니까. 여러분들은 현재 자립한 상태에 놓여 있습니까. 여러분들은 지구상에서 가장 독재적이면서 고립된, 아주 이상한 체제를 가진 어떤 국가에 대해 잘 알고 있습니다. 그들은 왜 우리에게 적대적일까요. 왜 우리를 무시하는 언행을 멈추지 않을까요. 답은 아주 간단합니다. 그들의 눈에 우리가 살고 있는 이곳은 자립한 국가가 아니기 때문입니다. 이상하다고 말하기 전에 우리가 먼저 자립하는 길을 찾아야겠죠. (사이) 우리의 연대는 결국 자립을 위한 것입니다. 그리고 자립은 다시 연대를 강화해 줍니다. 연대의 핵심은 타인을 돕는 데 있는 것이 아니라 바로 자립에 있습니다. 우리 사회는 이십 대 청년들에게 자립의 기회를 부여하고 있나요. 지금과 같은 시장 경제 체제 속에서 자립은 매우 어렵습니다. 자유로운 사고, 창의적 활동, 개성 있는 삶을 권하지만 자본주의의 속

성은 우리의 욕망을 부추기고 끊임없이 소비를 조장합니다. 돈을 빌려서 소비하게 만드는 사회. 청년들이 소비를 위해 돈을 빌리면 누가 이득을 보는 걸까요. 가부장적 가족 제도는 경제적인 자립뿐만 아니라 정신적인 자립마저도 늦추는 결과를 초래합니다. 시작부터 주체적 개인은 기대할 수 없는 구조입니다. 성인이 되어도 부모의 도움 없이 학업을 지속하기 힘듭니다. 정상적인 주거공간도 마련할 수 없습니다. 그래서 청년들은 비정상적인 주거공간으로 내몰립니다. 이렇게 우리 사회의 체제와 제도는 근본적으로 이십 대 청년들의 자립을 불가능하게 만듭니다. (사이) 연대에 관해서는 다음 시간에 이어서 생각해 보기로 하겠습니다. "나도 함께하고 / 너도 함께하고 / 그도 함께하고 / 우리도 함께하고 / 너희도 함께하면 / 모두에게 유익할 것이다." 1968년 봄, 봉기 중에 파리에 나붙었던 포스터의 한 구절입니다. 우리가 함께 연대한다면 모두에게 유익할 겁니다.

별하, 모건, 여울, 온유, 릴리 삼촌, 강의가 끝나자 함께 차를 마시며 이야기를 나눈다.

별하   협소한 공간이라 미안한데, 다음에는 좀 더 좋은 환경에서 스터디가 이루어질 수 있도록 하겠습니다. (모건에게) 강의 어땠어?

모건   아, 좋았어.

별하   (모두에게) 저희 팀이 가장 중요하게 생각하는 부분인데, '자립과 연대', 글쎄 잘 전달이 됐는지 모르겠네요.

온유   자립은 누구나 다 원하는 거니까 쉽게 이해가 되는데, 연대는 익숙하지 않은 말이라서…

별하 (여울에게) 여울 씨는 어떻게 생각하세요, 강의에서 말하는 연대에 대
     해서?

     자신에게 시선이 집중되자 여울, 고개를 돌려 모건을 바라본다.
     잠시 사이.

여울 (다시 정면을 보고) 잘 모르겠어요. (정확히 발음하려고 애쓰며) 연대.

     여울은 미동 없이 앉아서 아직 꺼지지 않은 PPT의 마지막 장을 바라보고
     있다.

모건 (여울에게) 그만 일어날까?
별하 왜, 약속 있어? 여기 시간제한 없이 사용할 수 있으니까 천천히 얘기
     나눠도 되는데…
여울 (온유에게) 어떤 일 하세요?
온유 저요?

     여울의 질문은 갑작스럽다. 그러나 의도가 없는 순수한 질문이라는 걸 알
     수 있다.

여울 6개월 되셨다면서요. 이 팀에서 어떤 일 하세요?
릴리 삼촌 저희는 플라워 하우스 '릴리Lily'에서 꽃을 전달합니다.
온유 예.
여울 전달?

릴리 삼촌 네, 전달! 나를 좋아하는 사람들, 내가 좋아하는 사람들에게 꽃을
　　　전하는 게 우리 팀이 제일 먼저 하는 일이에요.

여울　거기서 어떤 일을 하는 거예요?

온유　꽃을 재배하고, 운반하고, 전달하는 일이요. 모든 일을 다 하는데, 지
　　　금은 릴리 삼촌하고 꽃집을 운영해요.

여울　플라워 하우스?

릴리 삼촌 플라워 하우스 '릴리'! (목소리를 낮추어) '릴리'!

모건　운영하는 꽃집이 많은가 봐?

별하　50개 정도? 거의 서울 경기권이지만.

모건　아, 많네.

별하　그래? 아직 할 일이 많아. 우리가 연대하기 위해서는 좀 더 많은 사람
　　　들의 참여가 필요해. 지금도 글 쓰지?

모건　응? 어, 그래.

온유　글 쓰시는구나. 멋지다!

릴리 삼촌 어쩐지 그런 느낌이 들더라. 너무 좋다! 음… 예술은 많은 사람들에
　　　게 진실을 전달하는 수단이잖아요? 우리 뭔가 통하는 것 같아!

온유　별하 님도 글 쓰시잖아요.

별하　모건 님하고는 대학 선후배 사이예요. 학교 다닐 때 꽤 친하게 지냈죠.
　　　(모건에게) 그런가?

모건　예, 제가 좋아하는 선배님이에요. (여울에게) 같이 동아리 활동도 하
　　　고…

여울　(별하에게) 그럼 글 쓰세요?

별하　아, 지금은 공부하고 있습니다.

모건　(여울에게) 박사님이셔.

별하　아직 논문 안 썼어요.

여울　어떤 공부를 하세요?

별하　음… 비평이라고 하는 게 맞겠네요.

여울　(또박또박) 그럼 공부를 하면서 여기서 일도 하시는 거네요. 스태프로!

별하　예.

모건　(별하에게) 학교 다닐 때하고 많이 달라졌네, 분위기가.

별하　그래? 어떻게?

모건　더 편안하게 보여. 밝아진 것 같고.

별하　아, 그럴 거야. 그런 얘기 자주 들어. (릴리 삼촌과 온유를 가리키며) 여기 우리 가족들 덕분이야. 예전보다 바빠졌는데 마음은 항상 뭐랄까 충만하다고 할까?

여울　충만.

별하　(여울을 바라보고) 예. 그게 맞는 표현일 거예요. 뭔가를 해야겠다는 생각으로 가득 찬… 뭐 그런 상태.

여울　해야 하는 게 어떤 건데요?

별하　오늘 뉴스레터 내용이기도 한데 연대는 매우 중요한 개념이에요. 갑자기 이해하기에는 좀 어려운 점이 있겠지만 쉽게 얘기하면 일종의 공동체 같은 거예요. 우리는 모두 위로가 필요하니까. 그런 사회에서 살고 있잖아요, 우리 모두. 자기 상처를 치유하면서 또 다른 사람의 상처를 치유해줘야… 하잖아요, 우린.

모건　(여울의 표정을 살피며) 저기…

여울　공동체라면 함께 생활하는 건가요?

릴리 삼촌　아니에요, 함께 사는 건 부담이죠. 철저하게 '혼자'이면서 '같이' 해요, 뭐든지. 좀 이상하죠? 그런데 우리 팀은 그래요.

모건   (여울에게) 그만 일어날까?

여울   (온유에게) 난 잘하는 일이 별로 없어요. 어떤 일이 있을까요, 내가 할
        수 있는 일이란 게?

온유   (별하의 눈치를 보며) 글쎄요.

별하   (PPT를 내리고) 꽃을 정리하는 일도 있고, 꽃을 말리는 일도 있어요.
        꽃차도 만드니까요.

여울   일하고 싶어요.

        모건, 당황한다.

릴리   삼촌 처음이니까 아르바이트처럼 시작하면 힘들지 않을 거예요! 온유 님
        이 도와줄 거고.

온유   어… 아, 네!

별하   그래요. 우선 어떤 일인지 현장을 한번 보시고 그다음에 결정해도 되
        니까. (여울과 모건에게) 아무튼 반갑습니다. 서로에게 도움이 됐으면
        좋겠어요. 저희 팀은 편견 없이 타인을 대하고, 누구에게나 동등하게
        대우합니다.

여울   팀이 또 다른 일도 하나요? 꽃집 말고.

별하   그럼요. 꽃하고 다른 향을 가진, 오일을 다루고 있어요.

여울   오일.

        모건이 여울을 쳐다본다. 별하가 두 사람을 바라본다.
        동영상의 강의가 다시 재생된 것 같다. 오일 숍을 광고하는 동영상과 음
        악.

암전.

2. 오일 숍 '티트리Tea Tree'

오일을 제조해서 다양한 형태로 보급하는 숍.
은솔과 이진이 보인다. 이진이 뭔가를 한 모금 마시고 나서 오일 한 방울
을 떨어뜨린다. 은솔에게도 권하지만 은솔은 거절한다. 이진이 자리에 앉
는다.

은솔   (일어나며) 몸이 안 좋으신가 봐요?
이진   나이 탓인지 잠도 잘 안 오고.
은솔   너무 무리하시는 거 아니에요?
이진   (쓸쓸하게 웃으며) 그러게.
은솔   '피곤은 자립과 연대의 적이다. 자기 몸을 우선 쉬게 하라.' 팀에 처음
      들어오면 암기하는 문장이잖아요.
이진   맞아. 피곤은 적이지.
은솔   줄이세요.
이진   그렇게 해볼게.
은솔   나도 줄여주세요.
이진   은솔 님.
은솔   줄여주세요. 아니면 올려주세요, 페이.

이진, 다시 한 모금 마시고 의자 깊숙이 기대앉는다.

은솔 '희생도 보상도 동등해야 한다.' 아무리 생각해봐도 이건 동등하지 않
      아요.
이진 (타이르듯) 동등해. 우리 모두 다 힘들어.
은솔 그렇게 생각하세요?
이진 근거가 있으니까. (사이) 작년하고도 많이 달라, 실적이.
은솔 안 봤잖아요.

      이진, 은솔을 쳐다본다.

은솔 그 정도는 나도 알아요. 실적, 완전히 오픈 안 하잖아요. 팀장님만 알
      고. 그게 경쟁을 부추길 수 있기 때문에.

      이진, 웃는다.

은솔 그러니까 실적은 원칙적으로 알 수 없는 거잖아요, 아무리 이진 님이
      라도.
이진 그래, 자세한 건 몰라. 하지만 물건이 들어오고 나가는 거, 대금이 처
      리되는 날짜, 그런 거로 짐작하는 거야. 작년하고 많이 달라. 다 같이
      힘든 거야.
은솔 너무, 힘들어요.

      이진이 일어나서 은솔을 안아준다. 은솔이 이진의 어깨에 머리를 기댄다.
      이진, 은솔을 의자에 앉히고, 자신은 무릎을 바닥에 대고 앉는다.

이진   알아. 내가 경험했으니까. 이 고비만 잘 넘기면 충분히 쉴 수 있어. 나
는 힘들 때마다 내 몸을 만져봐. 그리고 내가 입고 있는 옷, 반지, 목걸
이… 아무리 힘들어도 지금 내 몸에 멍은 없잖아. 깨끗해. 푸른 멍이
없으니까. 이런 옷, 이런 보석, 꿈속에서도 가져보지 못한 것들이야.
(은솔의 머리카락을 쓰다듬으며) 손님 중에 매너 없는 사람들 있어?

은솔, 고개를 가로젓는다.

이진   그럼? 이상한 손님들 있어?
은솔   (웃으며) 남자들, 아니 손님들, 다 이상하죠.

이진, 웃는다.

은솔   농담이에요.
이진   이번 달까지만 참아. 예약 마감되면 다른 자리로 옮길 수 있게 해볼게.
은솔   매니저?
이진   그래.
은솔   정말이죠?

이진의 핸드폰이 울린다. 이진, 일어난다.

은솔   가볼게요.

은솔이 나간다.

이진   은솔 님!

은솔이 돌아본다. 이진이 다가가 자신의 목걸이를 풀어서 은솔의 목에 걸어준다.

이진   내가 제일 아끼는 거야. (은솔을 안으며) 내가 해줄 수 있는 게 이것밖에 없어. 정말 미안해.

은솔, 목걸이를 내려다본다. 이진, 은솔의 이마에 가볍게 키스한다.

은솔   가볼게요.

은솔, 나간다. 그때 별하가 들어오다 은솔과 마주친다. 두 사람, 잠시 서로를 바라본다.

은솔   잘 되지?
별하   응. 거기도?

은솔, 고개를 끄덕인다. 별하와 눈인사를 나누고 은솔, 나간다.

이진   어서 와. 차 한잔 줄까?
별하   네.

이진   뭐가 좋아?

별하   아무거나. 페퍼민트?

이진   그래.

이진이 더운물에 페퍼민트 한 방울을 떨어뜨린다. 방 안에 오일 향이 퍼진다. 찻잔을 건네는 이진.

별하   (찻잔을 받으며) 고맙습니다.

이진   어땠어?

별하   괜찮았어요. 나쁘지 않아요.

이진   (서류철을 보며) 후배가 좀 걸리긴 하지?

별하, 고개를 끄덕인다.

이진   예상했던 거니까. 최선을 다하면 마음을 열지 않겠어?

별하   네.

이진   여울 님이지, 이름이?

별하   네.

이진   시간이 필요하겠지?

별하   생각보다 적극적이에요. 호기심인지… 뭔지 모를…

이진   그래도 잘 적응할 때까지 너무 서두르지 말고. (사이) 내가 더 조급한
       건가? 간섭처럼 들렸지?

별하   아니에요.

이진   은솔 님… 많이 지쳐있어. 지금 일을 더는 못 할 것 같아.

별하, 이진 쪽을 돌아보고 나서 다시 고개를 돌린다.

별하   (조심스럽게) 옮기는 건가요?
이진   그래야겠지.
별하   매니저로?
이진   그러면 좋겠는데…

이진, 별하의 얼굴을 잠시 쳐다본다.

이진   두 사람, 처음 여기 왔을 때가 엊그제 같은데, 벌써 5년?
별하   네, 다음 달이면.
이진   많은 일이 있었어. 특히 은솔 님이 나한테는 은인이야. 내 일을 덜어줬
        으니까. 내가 많이 힘들 때였어. (한숨) 갚아야 하는데…
별하   (더는 참지 못하고) 다른 지역으로 갈 수도 있는 건가요?
이진   팀장님하고 의논해볼게.
별하   (침착하려고 애쓰며) 약속과 다르잖아요. 누구보다 열심히 일하고, 참
        고, 기다렸어요.
이진   알아.
별하   은솔이는 제가 데려왔어요. 이렇게 되면 제가 힘들어져요.
이진   조금 더 참아준다면 얘기는 달라질 수 있어.
별하   내가 얘기해볼게요. 다른 지역으로 보내는 건 안 돼요. 은솔이도 견디
        지 못할 거예요.
이진   그렇게 되지 않도록 해볼게. 하지만 은솔 님도, 별하 님도 좀 더 인내

해야 해.

별하　충분히 인내했다고 생각해요, 그 동안.

　　　이진이 별하에게 다가와 머리카락을 만져준다.
　　　별하, 눈을 감는다.

별하　도와주세요.
이진　알았어. 어떻게든 해볼게. 잘 될 거야.

　　　오일 디퓨저에서 증기가 나온다. 두 사람이 기도하듯 읊조린다. 오일과 음악과 읊조림.

이진·별하　"그날 이후부터 봄 여름 가을 겨울의 하늘 빛이 성하니
　　　　　이는 너와 나, 우리로 이루어진 조화로움의 자취인 것을 세상 사람들이 알지 못하니
　　　　　자립을 위한 연대의 힘을 많은 사람들에게 알릴 수 있도록
　　　　　자기를 돌보지 않고 두려움에 몸을 움츠린 모든 이들이 빛 가운데로 나올 수 있도록
　　　　　유혹의 손길을 받아들이거나 거짓 증언에 귀를 열지 않도록
　　　　　서로 의심하지 않고 서로를 믿으며
　　　　　나를 위로하고, 너를 치유하여, 질병에서 완전히 벗어난 우리가
　　　　　부정과 불공정과 불평등에서 해방된 삶의 아름다움을 세상 사람들과 함께 나누길 간절히 원하니 이를 위해
　　　　　먼저 스스로 자기를 소중히 여기며 자기 몸을 쉬게 하고

타인을 소중히 여기며 타인의 몸을 쉬게 하고
나와 너와 우리의 희생이 동등한 만큼 그에 대한 보상도 동등하
게 하고
고통과 슬픔과 상처를 함께 나눌 수 있도록 하고
비난하지 말고
상처주지 말고
(…)"

두 사람, 마치 밀교 의식을 치르는 것 같다.

암전.

3. 플라워 하우스 '릴리'

꽃들로 가득한 공간. 바 테이블과 의자. 창문 밖으로 하늘이 보인다.
온유, 말린 꽃잎을 병에 담고 있다. 릴리 삼촌, 보이지 않는 누군가에게 말
을 하고 있다.

릴리 삼촌 꽃의 향기는 휘발성이 강한 분자로 이루어져 있어. 그 향기는 저 멀
리까지 퍼져나가서 매개 동물을 유인하지. 향기가 강하다는 건 그만큼
매개 동물을 강렬하게 필요로 한다는 증거야. 향기가 없는 꽃도 있으
니까. 자기 꽃가루받이 식물들이지. 말하자면 자기 스스로 번식이 가
능한 꽃들인 거야. 특히 야행성 동물에게는 향기가 더욱 중요하지. 향
기 이외에 꽃을 찾아갈 방법이 없으니까 그 향기가 더 강해야 해. 박쥐

나 나방 같은 동물들이겠지? 재미있는 건 같은 꽃이라도 향기가 다 다르다는 거야. 고양시에 피는 개나리와 관악산에 피는 개나리의 향기가 각기 달라. 그럼! 고양시에 피는 개나리 향기가 훨씬 더 강하지. 응? 왜냐고? (생각하다가) 고양시 개나리가 유혹해야 하는 매개 동물이 훨씬 더 멀리 사니까… 응? 왜 멀리 사냐고?

   릴리 삼촌, 생각에 잠긴다.

온유   당연하죠. 고양시에 사람이 훨씬 더 적게 사니까, 관악구보다. 그래서 고양시 동물들이 사람들한테 방해받지 않고 넓은 지역에 퍼져서 사니까 그런 거죠. 자유롭게.

릴리 삼촌 그런가? 그렇구나. 마지막은 늘 온유 님이 도와줘야 해결이 된다니까.

   두 사람, 웃는다.

온유   장미꽃차 한잔하실까요?
릴리 삼촌 그러실까요?

   두 사람, 차를 만든다.

온유   사람들도 꽃처럼 다 향기를 쫓아서 살아가는 것 같아요.
릴리 삼촌 그래? 그럼 온유 님도 향기를 쫓고 있는 거야?

온유　그럴지도 모르죠. 릴리 삼촌은요?

릴리 삼촌　응? 나? (생각하다가) 글쎄. 나도 향기를 쫓고 있는 건가? 아니면 향기를 내뿜고 있는 건가?

온유　둘 다일 수도 있겠네요.

릴리 삼촌　그렇네요.

　　　두 사람, 차를 마신다.

온유　꽃들은 정말 대단해요. 수억 년 동안 이 지구에 살아남아서 계속 진화하고 있잖아요? 아름다움을 주고, 향기를 주고… 차도 주고, 오일도 주고.

릴리 삼촌　장미 향이 대단하네.

온유　저기 '티트리' 말이에요, 오일 숍.

릴리 삼촌　응.

온유　가보셨어요?

릴리 삼촌　그럼. 왜?

온유　난 아직 안 가봤어요. (사이) 어때요?

릴리 삼촌　신비로운 분위기를 가진 곳이지. 거긴 꽃향기와는 다른 향기가 있어. 사람을 편안하게 해주는 그런 곳이야. 왜, 가보고 싶어?

온유　네.

릴리 삼촌　(일어나서 꽃들을 정리하며) 오빠한테, 아니 팀장님한테 부탁하면 되잖아. 어머, 그건 규칙 위반이구나. (웃음) 좀 기다려봐. 몇 달만 참아. 실컷 구경할 수 있으니까.

온유　거기서는 오일만 팔아요?

릴리 삼촌 오일을 팔기도 하고, 디퓨저를 경험하기도 하고.

온유　그게 다예요?

릴리 삼촌 음… 그럴걸? 또 뭐가 있을까?

온유　그런 가게가 서른 곳도 넘게 있는 거잖아요.

릴리 삼촌 왜?

온유　아니에요.

릴리 삼촌 오일 숍에서 일하고 싶어?

온유　(창밖을 내다보며) 난 여기가 좋아요. 꽃이 있고, 바람이 있고, 릴리 삼촌이 있고. (릴리 삼촌을 돌아보며) 다른 일 해보고 싶으세요?

릴리 삼촌 아니, 나도 이 일이 좋아. 꽃이 있고, 바람이 있고, 온유 님이 있고.

　　　두 사람, 웃는다.

릴리 삼촌 사람으로 대접받고, 일한 만큼 보수를 받고, 힘들 때 위로받고. 나는 가족도 잃고 직장도 잃고 돈도 잃고… 신념도 용기도 모두 잃은 후 여기로 왔어. 이렇게 살아 있게 해줬으니 그저 감사할 뿐이지.

온유　팀원들 모두가 그렇게 말해요. 감사한다고. 그만큼 상처 입은 사람들이 많다는 얘기겠죠?

릴리 삼촌 아마 그럴걸. 하지만 난 이제 다른 사람의 상처에 대해서 생각하고 싶지 않아. 팀장님도 말씀하셨잖아. "타인의 상처에 대해 알려고 하지 말라. 지금 타인에게 상처를 주지 않을 방법만 생각하라."

　　　릴리 삼촌, 창밖을 바라본다.
　　　온유, 릴리 삼촌을 위해 노래를 불러준다.

온유 (노래) 옛날 옛날 내가 떠나올 때
　　　　　느티나무 아래에서
　　　　　나를 위해 노랠 불러주던
　　　　　긴 머리 소녀가
　　　　　계곡물에 계곡물에 떠내려갔다고
　　　　　(…)

　　　　릴리 삼촌, 노래를 들으며 눈물을 흘린다.
　　　　그때 여울과 모건이 들어온다.

릴리 삼촌 어머, 어서들 오세요!

온유　일은 어떠셨어요?

모건　예, 좋았어요.

온유　(여울의 표정을 살피며) 여울 님은?

여울　(생각하다가) 이런 기분 처음이에요. (또박또박) 월급도 선불로 받고.
　　　일도 어렵지 않았어요. 거기다 꽃을 다루는 일이잖아요. 정말 좋았어
　　　요.

온유　아, 네…

여울　(모건에게) 나, 잠깐 손 좀 씻고 올게.

　　　　여울, 안쪽으로 들어간다. 릴리 삼촌, 모건에게 자리를 권한다.

릴리 삼촌 차 한잔할래요?

모건   (앉으며) 예, 감사합니다.

온유   여울 님, 얼굴이 환해진 것 같아요, 며칠 사이에.

릴리 삼촌 정말이야. 장미꽃 같아. 활짝 핀 장미!

온유   손, 다치지 않으셨어요?

모건   아뇨, 시키는 대로 하니까, 장갑도 끼고…

        여울이 안쪽에서 나온다.

여울   (앉으며) 여기 화장실, 신기해요. (모건에게) 가봤어?

모건   아니.

여울   꽃밭이야.

모건   응?

여울   (설명하려는 듯) 꽃밭에 앉아서 '쉬'하는 기분이야.

모건   그래?

릴리 삼촌 우리 팀장님의 유일한 지시 사항이야. 청결. "손 씻는 습관 하나로
        우리 팀원 전체를 보호할 수 있습니다." 질병은 가장 큰 적이니까.

모건   유대인 어머니네.

온유   유대인 어머니?

모건   아, 네. 유대인 어머니들의 위생 관리.

여울   위생 관리?

모건   율법에 따라 손 씻기. 그걸로 다른 민족보다 아이들 사망률을 절반 이
        상 낮출 수 있었다고 하니까.

릴리 삼촌 어머.

여울   율법.

모건   (릴리 삼촌에게) 수난을 당하면서도 인구를 회복해서 유대인 공동체를
       지켜낸 방법이었던 거죠. 손 씻기.
릴리 삼촌 그러고 보니 비슷하네. 우리 팀원이 모두 건강해야 팀이 유지되고,
       그래야 서로 도움을 줄 수 있는 사람들이 많아지고, 그래야 더욱더 많
       은 사람들에게 위안을 줄 수 있지?

       릴리 삼촌, 여울과 모건에게 찻잔을 건넨다. 두 사람, 찻잔을 받아서 마신
       다.

여울   무슨 차예요?
릴리 삼촌 특별히 백장미.
여울   신기해요. (사이) 기분 좋은 피로감인 것 같아요. 이런 기분, 느껴본 적
       이 있나 싶어요.
온유   일을 하는 기쁨 같은 거죠?
여울   아마 그럴 거예요. 기쁨… (하나씩 설명하듯) 내 손을 거친 꽃들이 누군
       가에게 전달되고, 그래서 내가 모르는 어떤 사람이 위안을 받는다고
       생각하니까…

       그때 마리가 들어온다.

마리   언니!
여울   마리!

       여울, 일어나서 마리 쪽으로 간다. 두 사람, 가볍게 포옹한다.

여울   (릴리 삼촌과 온유에게) 친구예요.

릴리 삼촌 안녕!

온유   어서 오세요!

        마리, 두 사람에게 인사하고, 모건을 본다.

마리   (모건에게) 안녕. 오랜만이에요, 오빠.

모건   어, 그래. 잘 지냈어?

마리   네. 꼭 2년하고 3개월 만이에요.

모건   그렇게 됐나?

여울   (모건에게) 내가 연락했어. 오랜만에 얼굴도 볼 겸.

        여울, 마리의 자리를 만들어준다. 마리의 등장에 모건은 어색해한다.

마리   꽃이 너무 예뻐요.

온유   (찻잔을 건네며) 꽃차예요.

마리   감사합니다. 향이 강하네요.

온유   (릴리 삼촌을 가리키며) 저희 '릴리'님이 특별히 준비한 차예요.

마리   (릴리 삼촌을 돌아보고) 아…

여울   그리고 (온유를 소개하며) 이쪽은 '릴리'의 멤버, 온유 님. 도움을 많이
        받았어.

마리   아, 네…

여울   여기는 팀원을 스태프하고 멤버로 구분해. (온유에게) 맞죠?

온유   맞아요. 저희 멤버는 열심히 스태프님을 돕고, 스태프님은 멤버를 돌
       봐주세요.

여울   꼭 멘토링 시스템 같아.

온유   비슷하죠.

마리   (모건에게) 더 마른 것 같아요. 잘 지내죠?

모건   그럼. 일은?

마리   그만둔 지 오래됐어요.

여울   여기서 함께 일하면 좋을 것 같아서.

모건   마리도?

여울   왜?

모건   아니, 갑자기…

여울   전화로 대충 얘기했어. (온유에게) 친구도 일을 하고 싶다고 해서.

       온유, 릴리 삼촌을 쳐다본다.

릴리 삼촌 별하 님에게 부탁하면 되겠지? (모건에게) 선배님한테.

여울   선배님. 별하? 그분 이름?

모건   응.

여울   잘됐네. 오빠 아는 분이니까. (마리의 눈을 보면서) 마리는 디자이너가
       되고 싶대요. 마리는 예쁜 눈을 가졌어요. 디자이너가 되면 마리는 멋
       진 옷을 만들 거예요.

마리   아니, 실내 디자인.

여울   아, 멋진 방을 만들 거예요. 사람들이 편안하게 쉴 수 있는 공간. 잠들
       수 있는 공간.

잠시 침묵.

모건　그만 일어날까. 내일 또 일해야 하니까.
여울　마리 역시 돈이 필요해요.

　　　잠시 어색한 분위기.

여울　(책을 읽듯) 그리고 좋은 사람들을 만나야 디자이너가 될 수 있어요. 여
　　　기는 마리를 도와줄 사람들이 많을 것 같아요.
모건　그래.
마리　(모건에게) 맞아요. 난 운이 좋아요. (여울의 얼굴을 보며) 언니처럼 좋
　　　은 사람을 만나고, 또 언니 덕분에 좋은 분들을 만날 수 있게 되고. (모
　　　건에게) 물론 오빠도 포함해서.
여울　그분 이름. (모건에게) 선배님.
모건　별하 선배.
여울　별하 님! (릴리 삼촌에게) 별하 님을 만날 수 있을까요? 오늘.
릴리 삼촌　그럼. 만날 수 있지. 조금 있으면 여기로 올 거야. 마감 시간에 맞춰
　　　서.
온유　차 드시면서 조금만 기다리세요. 이제 곧 해가 질 시간이에요. 플라워
　　　하우스 '릴리'는 이 시간이 가장 아름다워요.

　　　창문이 열리고, 해 질 녘 붉은 하늘이 보인다. 그 하늘 아래 도시는 어딘지
　　　비현실적이다. 모두 그 하늘을 바라본다.

마리가 여울과 모건, 두 사람을 유심히 바라본다.

곧이어 플라워 하우스의 기도 시간. 온유가 영상을 켜면 강연이 나온다.

강의 주제 - 한국의 사회 구조.

영상 속 강연자의 목소리 산업화와 민주화 시대를 거친 이후에도 우리 사회의
    계층 간 불평등 구조는 여전히 지속되고 있습니다. 지배 계급은 부를
    획득하는 것뿐만 아니라 정치적 권력과 교육, 의료 혜택, 때로는 병역
    까지 면제받는 혜택을 누리기도 하죠. 중간에는 이른바 '신 중간 계급'
    이 있습니다. 전문직, 관리직, 행정직 종사자들이 여기에 속합니다.
    '구 중간 계급'은 자영 전문직, 자영 생산직, 자영 상인, 자영 서비스직
    종사자들을 포함합니다. 대부분 농민도 이 계급입니다. 이제 마지막
    으로 노동 계급입니다. 우리 사회의 하층에 자리하고 있는 노동 계급
    은 가장 빠른 속도로 증가하고 있습니다. 생산직 노동자, 도시 빈민,
    단순 노동자, 임시 고용자, 일일 고용자 등등. 이 강의를 듣고 계시는
    20대 청년 여러분. 여러분들은 우리 사회의 어느 계급에 속해 있습니
    까. (사이) 결론은 계급적 거리와 상대적 박탈감을 없앨 수 있는 제도
    와 정책이 과연 존재하는가 하는 문제입니다. (…)

릴리 삼촌과 온유, 묵묵히 강연을 지켜본다.

꽃과 바람과 향기, 그리고 강연. 역시 기묘한 분위기다.

암전.

2.

1. 하늘 아래 그네 '클라우드 나인Cloud 9'

플라워 하우스에서 나와 계단을 올라가면 숲이 나오고, 그 숲을 지나면 도시가 내려다보이는 평지가 있다. 거기에 매달려 있는 그네. 플라워 하우스에 드나드는 사람들은 이 공간을 '클라우드 나인'이라고 부른다.
여울이 그네에 앉아 있다. 그 옆에 마리, 조금 떨어진 곳에 모건.

마리   오랜만이네. 이렇게 셋이 있는 거.
여울   그래. 기분 좋아. (모건에게) 오빠는?
모건   좋아.

여울, 웃는다.

모건   (여울이 웃는 모습을 보고) 그렇게 웃는 걸 보면 난 좋아.

마리, 모건을 쳐다본다.

모건   하지만 지금 좀 불안한 건 사실이야. 스터디 룸 '스테어웨이', 화훼 마을 '게마인샤프트Gemeinschaft', 플라워 하우스 '릴리', 강연, 기도⋯ 이 모든 게 정리가 잘 안 돼.
여울   별하 님이 말했잖아. 적응하려면 시간이 걸릴 거라고. (마리에게) 잘 됐다. 나랑 같이 일하게 돼서.

마리 응, 언니. 잘 됐어.

모건, 마리와 여울을 쳐다본다.

사이.

모건 (주저하다가) 물론 난… 여울이가 의욕을 갖는 일이라면 뭐든지 찬성이
고 도움을 주고 싶어. (사이) 결정은 여울이가 하겠지만…

여울, 모건을 한 번 쳐다보고, 잠시 생각한다.

여울 하고 싶어.

모건 (잠시 머뭇거리다) 그래.

여울 일하고 싶어.

모건 다른 일도 얼마든지 있어.

여울 그럴까. (웃으며) 내가 할 수 있는 일은 많지 않아.

여울이 모건의 얼굴을 물끄러미 쳐다본다. 모건, 고개를 돌린다.

마리 (모건에게) 내가 함께 일하는 게 불편한 거예요?

모건 꼭 그런 건 아냐. 정리가 잘 안 되니까… 팀장, 스태프, 멤버, 연대, 평
등, 공유제… 거기다 선지급.

여울, 모건을 바라본다.

모건   그게 다 어떻게 유지되는 건지…

여울   물어보면 되잖아.

모건   누구한테?

여울   별하 님한테. 아니면 릴리 삼촌, 아니면 온유 님?

모건   (힘없이 웃으며) 그래. 물어볼게.

모건이 일어나 아래를 내려다본다. 거의 어두워졌다. 발아래 바다가 펼쳐진 듯하다. 불빛 바다. 세 사람이 아무 말이 없다. 마치 정지된 화면 같다. 마리가 일어나 여울 쪽으로 간다.

마리   꿈에서 본 것 같아. 지금 이렇게 같이 있는 거.

여울   꿈.

마리   두 사람하고 같이 있는 거. 모건 오빠가 저기 저렇게 서 있고, 언니가 그네에 앉아 있는 모습. 꿈에서 그렇게 생각했어. "아, 이 자리가 내 자리였으면 좋겠다. 영원히 언니하고 오빠하고 이렇게 셋이 함께 있었으면 좋겠다."

여울   꿈처럼 됐네?

마리   난 꿈속에서도 언제나 두려웠어, 세상이.

여울   그래?

마리   무서웠어. 또 혼자 있게 될까 봐. (여울의 어깨에 손을 올리고) 하지만 언니, 오빠와 함께 하는 꿈속에서는 안도감에 한숨을 내쉬고 있었어. (잠깐 인상을 찌푸리곤) 섬이었나. 아무도 없는 섬이었던 것 같아. 언니, 오빠, 나, 그렇게 셋밖에 없었어.

여울   그랬구나.

여울, 마리의 손을 어루만진다.

여울   괜찮아, 이제. 우리하고 함께 있으면 돼.
마리   셋이서?
여울   그럼. 어때서?

마리, 웃는다.

여울   모건 오빠도 좋아할 거야.
마리   난 겁이 많아, 언니. 그냥 그대로 있고 싶었어. 꿈처럼. 변하는 게 두려
       워. 그 자리에 있고 싶어. 그렇게 언니하고 오빠하고.
여울   지금 이렇게 함께 있잖아. (마리를 올려다보고) 괜찮아. 괜찮아. 괜찮
       아...

마리, 여울의 입술에 가볍게 키스한다. 여울이 다시 마리의 입술에 키스
한다. 그리고 두 사람, 모건과 반대쪽 불빛을 바라본다.
파도 소리가 나는 것 같다.
잠시 후 모건이 두 사람이 있는 그네로 걸어온다.

여울   (일어나며) 배고파.
모건   그래?
여울   카레 먹고 싶어. (마리에게) 같이 먹자.

마리   난…

여울   (모건에게) 괜찮지?

모건   어, 그래.

여울   (내려가며) 빨리 와.

여울, 내려간다. 마리, 모건을 한번 쳐다보고 내려가려 할 때 모건이 마리를 부른다.

모건   마리.

마리, 멈춰서서 돌아본다.

모건   그동안 두 사람, 연락하고 있었던 거야?

마리   네. 언니가 얘기 안 했나 보죠?

모건   얘기를 들은 것 같기도 하고…

마리   그 후로… 일 그만둔 다음 잠깐 집에 내려가서 지냈어요. 여울 언니하고 연락이 된 건 올라와서고요.

모건   그래?

마리   궁금해요?

모건, 마리를 쳐다본다.

마리   그날 있었던 일, 언니한테 얘기했는지?

모건, 고개를 돌린다.

마리   걱정하지 말아요. 언니는 몰라요.
모건   마리. 저기…
마리   언니한테는 얘기하지 않을 거예요. 난 그냥 언니하고 같이 있고 싶어
      요.

모건, 마리를 쳐다본다.

마리   오빠하고도.

모건, 당황스럽다.

마리, 여울을 따라 내려간다.
모건, 그 자리에 서서 잠시 바다를, 아니 불빛을 내려다본다.

암전.

2. 오일 숍 '티트리'

오일 숍의 조명이 평소보다 조금 어둡다. 은솔이 둥근 스툴에 앉아 있다.
잠시 후 별하가 들어온다. 두 사람, 말이 없다.
잠시 침묵.

별하   뭐 좀 먹을래?

        은솔, 대답이 없다.

별하   나갈까?
은솔   먹고 와. 난 괜찮아.
별하   아무것도 안 먹었을 거 아냐, 온종일.
은솔   배 안 고파.
별하   너 배고프면 화내잖아.

        은솔, 피식 웃는다.

별하   일어나.
은솔   정말이야. 배 안 고파. (시간을 확인하고) 매니저님 올 시간이야. 나 신
        경 쓰지 말고 일 봐.
별하   손님이 항의를 한 것 같던데.
은솔   예전엔 그런 손님 없었어. 요즘 들어 부쩍 이상한 사람들이…
별하   스태프, 매니저 미팅이 있었어. 그만큼 심각한 사안으로 여기는 것 같
        아.
은솔   왜 안 갔어?
별하   난 제외야.
은솔   그렇겠네. 내 문제니까 별하 씨는 제외했겠지.
별하   네가 원하는 대로 할게.

은솔, 대답이 없다.

별하 뭐든 원하는 대로.

은솔 여기서 그만둘 순 없어.

별하 너무 힘드니까.

은솔 별하 씨가 날 여기 데려왔지만 원망한 적 없어. 그리고 지금은 별하 씨
와 상관없이 이건 내 일이야. 내가 세운 목표가 있어.

별하 (은솔을 쳐다보고) 미안해.

은솔 아니야. 여기로 데려와 준 덕분에 아빠도 살리고 동생도 살릴 수 있었
어. 오히려 고맙지.

별하 미안해.

은솔 (허리를 세우고 고쳐 앉으며) 문제를 일으켜서 미안해요, 스태프님. 모
든 일이 그렇잖아요. 마지막 지점에서 긴장이 풀어지고, 그러면 안 되
는데, 제가 꾀를 부렸던 것 같아요. 다시는 이런 일 없을 거예요. 팀을
위해, 멤버를 위해 일해야죠. 모두에게 위로가 되는 일을 하고 있다는
걸 잠시 잊었던 것 같아요.

그때 이진이 들어온다.

이진 알아. 모두 은솔 님이 그동안 무리했던 게 원인이라고 결론지었어.

은솔 고마워요.

별하 고맙습니다.

이진 나한테 고마워할 거 없어. (은솔에게) 일단 집에 가 있어. 연락할게.

은솔 작은 숍도 괜찮아요. 매니저로 일하게 해주세요. 잘할게요.

이진   알았어. 기다려 봐.

      은솔, 일어나서 나간다.

이진   (별하에게) 데려다주지?
은솔   혼자 갈게요.

      은솔, 나간다.
      이진, 의자에 앉는다. 별하, 이진의 뒤로 가서 목 주위를 만져준다.

별하   어떻게 되는 거예요?
이진   다른 숍으로 가야 해.
별하   어디로요?

      이진, 대답이 없다.

별하   설마…
이진   어쩔 수 없어. 이게 한계야. 이번엔 무마할 수가 없었어.
별하   다른 숍, 어디로 보내는 거죠? 인천, 부산? 어디든. 거기서 취급하는
      게 오일이 아니잖아요, 약이지.
이진   (눈을 감은 채로) 그런 건 취급하지 않아.
별하   (차분한 목소리로) 스태프들, 매니저들 사이에서 얘기가 돌고 있어요.
이진   (별하의 귀에 속삭이듯) 잘못 알고 있는 거야. 우리 팀은 그런 위험한 물
      건은 취급하지 않아.

별하　(감정을 억제하려 애쓰며) 아무튼 거기로 보낼 순 없어요. 은솔이는 내가 데려왔어요! 내가 책임져야 해요! 5년이면 매니저가 될 수 있다고 약속했어요. 다음 달이면 만 5년이에요. 어떠한 일이 있어도 약속은 지켜야 해요. 우리 팀의 원칙 중 하나 아닌가요? '팀원들 간의 약속은 무슨 일이 있어도 지킨다.'

　　　그때 시온이 들어온다.
　　　잠시 사이.
　　　이진도 별하도 시온에게 특별히 예의를 갖추지는 않는다. 이진은 그대로 앉아 있고, 별하는 조금 떨어진 곳에서 생수를 마신다.
　　　시온, 실내를 한번 둘러본다.

시온　(별하에게) 오랜만입니다.
별하　미안해, 소란스럽게 해서.
시온　저는 괜찮습니다. 이진 님이 힘드셨죠. 은솔 님은?
이진　일단 집으로 보냈어.
시온　잘하셨어요. 당분간 쉬는 게 좋겠죠. 다행히 손님도 사과하고 돌아갔다고 들었습니다.
이진　그만하길 천만다행이지.

　　　시온, 오일이 놓인 테이블로 가서 오일 병 하나를 들고 유심히 바라본다.

시온　처음 이 숍을 열었을 때 생각이 나네요. 몸이 아픈 사람들, 마음이 아픈 사람들을 모두 치유하고 싶었어요. 가능하다고 생각했죠. 왜냐하면 내가 치유 받았으니까. 할 수 있을 것 같았어요. 이 오일 향에 묻혀서 3년을 지냈어요. 손에 닿는 느낌만으로 어떤 오일인지 구분할 수 있었어요. (오일 병들을 하나씩 건드리며) 프랑킨센스, 티트리, 오레가노, 제라늄, 시더우드, 유칼립투스… 서너 가지를 섞어놓아도 향을 맡는 것만으로 어떤 오일을 혼합한 건지 알 수 있을 정도가 됐을 때 지점은 서른 개로 늘어났어요. 돈도 너무 빨리 벌면 안 된다고 하잖아요. 저도 너무 빨리 팀장이 된 것 같아요. 요즘 그런 생각을 하게 돼요. 다른 팀장님들에 비하면 저는 자격이 없어요. 시간이 가르쳐주는 것들을 배우지 못한 거죠. (사이) 오늘 일도 제가 부족해서 생긴 일이에요. 고객의 상태, 우리 멤버의 상태를 파악하지 못한 거예요. 지금이라도 휴식을 줄 수 있어서 다행이에요.

별하　그냥 넘길 수 없는 큰 실수지. 잘 알아.

시온, 손수건을 꺼내 땀을 닦는다.

별하　하지만 은솔은 매니저가 되려고 지금까지 모든 걸 참고 견뎠어.
시온　미리 알았어야 했는데. 언제부터죠?

별하, 멈칫한다.

시온　참는 건 좋지 않아요.
별하　(당황해서) 그래. 맞아. 참는 건… 아니지. 싫은 일은 하면 안 되지. 우리가 싫은 일을 한다면 그건 잘못된 거지. (사이) 은솔 님은 매니저를 꿈꾸고 있어. 한 달 후면 작은 숍을 운영할 거라면서 계획을 세우고 있어. 나도 그 모습을 보려고 여기까지 열심히 달려온 거고.

시온 이해해요. 그리고 저도 그렇게 해드리고 싶고요. (이진에게 동의를 구하며) 하지만 은솔 님의 지금 상태는 매니저 역할을 맡기에 어려움이 있는 것으로 판단됩니다. 조금 더 지켜보는 게 좋을 것 같아요.

이진, 일어나서 차를 만든다.

별하 (약간 떨리는 목소리로) 그럼, 어디로 보내는 거지? 휴가가 끝나면.

시온, 별하에게 다가가 어깨에 손을 얹고, 위로한다. 별하를 의자에 앉히고, 이진이 건네는 찻잔을 별하에게 준다. 별하, 천천히 차를 마신다.

시온 은솔 님은 다른 팀으로 갈 수밖에 없어요.

뭔가 말하려는 별하를 진정시키는 시온. 자세를 낮추고 별하의 손을 잡는다.

시온 가장 적합한 곳을 찾도록 할게요. 다른 팀장들에게 얘기해뒀어요. 저를 믿고 맡겨 주세요. 지금 팀 전체가 위기예요. 사실 작년부터 어려웠는데 얘기할 기회를 놓쳤어요. 우리 멤버, 스태프, 매니저분들에게 솔직하게 사정을 알렸어야 하는데 그렇게 못 했어요. (별하의 무릎에 얼굴을 묻고) 꼭 만회하고 싶었어요. 아무도 모르게, 아무 일도 없었던 것처럼 팀을 회복시키고 싶었어요. (기도하듯) 하지만 우린 꼭 일어날 수 있습니다. 우리가 연대하면 어떤 어려움도 극복할 수 있어요. 강한 민음으로 연대한 팀이 그룹의 기운을 받습니다. 알다시피 그룹은 팀들의 수평적 관계로 유지돼요. 팀은 독립적이고 자립적으로 유지되죠. 하지만 팀들의 강력한 연대로 우리 그룹은 유지됩니다. 연대의 힘은 보이지 않는 곳에서 작용해요. 신비한 힘이죠. (먼 곳을 보며) 지금은 그룹의 신뢰가 필요한 시기에요. 그룹이 발하는 빛, 그 빛줄기 아래에서 팀이 하나가 되어 일해야 회복이 가능합니다. 절 믿어주세요. (별하의 손을 잡고) 은솔 님은 반드시 다시 데려올게요. 약속할게요.

이진이 다가와 별하의 머리에 손을 올린다. 별하, 시온의 발아래 무릎을 꿇는다. 세 사람, 조용히 무언가 읊조린다. 그 소리가 음악처럼 방안에 울려 퍼진다.

시온·이진·별하 "그날 이후부터 봄 여름 가을 겨울의 하늘 빛이 성하니
　　　　　　이는 너와 나, 우리로 이루어진 조화로움의 자취인 것을 세
　　　　　　상 사람들이 알지 못하니 (…)"

그때 출입문 쪽으로 마리의 모습이 보인다. 세 사람의 읊조림이 끝날 때까지 그 자리에 서서 기다리는 마리.
잠시 후 세 사람, 일어난다. 별하, 마리와 눈인사를 주고받는다. 시온과 이진, 두 사람이 눈짓하면 별하, 자리를 비켜주듯 안으로 들어간다.

이진　마리 님!

마리, 가볍게 목례.

이진, 시온에게 마리를 소개한다.
마리, 시온에게 다가가 인사한다.

시온   얘기 많이 들었습니다. 이진 매니저님이 특별히 스카우트하신 분이라
고.
마리   제가 요청했어요, 이쪽으로 오고 싶어서.
이진   '시티 그린City Green 팀' 하우스 농원 스태프로 일하셨어. 여울 님과
잘 아는 사이래.
시온   팀장님께는 신세를 많이 졌습니다. 농원에서는 얼마나 일하셨나요?
마리   2년 정도 됐어요.

시온, 놀란 듯.

이진   '오가닉 라이프Organic Life' 매니저님이 가장 신뢰하시는 스태프님이
야.
시온   (두 손을 모으고) 잘 부탁합니다. 얘기 들었겠지만 지금 비어 있는 자리
를 여울 님이 꼭 맡아주셨으면 해서요.
마리   네.
시온   자, 전 이만.

시온, 나간다. 마리, 남아 있고, 이진이 시온을 배웅한다.
실내를 둘러보는 마리. 이 방에서 마리의 눈빛은 달리 보인다.
이진, 들어온다.

이진   앉지?

마리   괜찮아요. 가봐야 해서.

이진   그래?

마리   여울 님은 화훼 마을 일에 잘 적응하고 있어요. 마치 그 일을 위해서 태어난 사람처럼.

이진   (마리의 손을 잡으며) 그래?

마리   네. 하지만 정신적으로 안정을 찾으려면 시간이 필요해요.

이진   트라우마?

마리   (어렵게 입을 열어 정확히) 학대요! 의붓아버지.

이진, 안타까움에 고개를 젓는다.

마리   하지만 여기 와서 많이 나아졌어요.

이진   다행이야. 모건 님은?

마리   아직…

이진   그래, 기다려야지. 기다려야 해. 연대에 대한 믿음을 갖게 될 때까지.

마리   하지만 모건 님 같은 분이 믿음을 갖게 되면 더 헌신적으로 일하잖아요. 그렇게 될 거예요.

이진   그래. 그렇게 되면 정말 좋겠네. 두 사람 모두 꼭 필요한 사람이야. (사이) 마리 님을 데려오려고 얼마나 애썼는데. 그쪽 매니저님도 보통이 아니던데? 은혜는 꼭 갚겠다고 했어.

마리   '티트리'가 잘 돼야 모두가 살아난다고 하셨어요.

이진   감사한 말씀이네.

실내가 어두워지면 뒤쪽으로 영상이 나온다.

강의 주제 - 경제 구조.

영상 속 강연자의 목소리 우리는 아주 심각한 소득불균형 사회에 살고 있습니다. 상위 10%의 소득이 전체 소득의 45%를 차지하는 사회. 상위 1%의 소득이 전체 소득의 12.4%를 차지하는 사회. 미국에 이어 가장 불균형이 심한 국가라고 할 수 있습니다. 물론 부자 나라 중에서. 아, 다행이군요. 그래도 부자 나라에 속하니까. 과연 다행일까요? 우리는 신식민주의 세계 경제 체제 속에서 대외 의존적이고 비자주적인 경제 구조로 국가 주도의 성장을 지속해왔습니다. 90년대 이후 신자유주의의 논리, 즉 부자 나라들의 경제 논리가 세계를 지배하면서 우리도 그 속에 편입될 수밖에 없었습니다. 그러면서 자연스럽게 상층 소득자에게 유리하게 세율구조가 바뀌고, 성과 위주의 보수 체계는 더더욱 소득 간 격차를 심화시켰습니다. 녹색성장, 창조경제, 4차 산업혁명, 한국판 뉴딜, 디지털 뉴딜, 그린 뉴딜… 이것들은 모두 경제적 대전환을 꿈꾸면서 조립된 용어들입니다. 이것으로 과연 소득불균형을 해소할 수 있을까요? 저마다 인간에게 이로운 세상과 그 세상을 만드는 방법에 대한 믿음이 다릅니다. 그것을 우리는 '이념'이라고 간단하게 정의할 수 있습니다. 각기 '이념'을 달리하는 사람들이 서로 번갈아 가며 시험을 해봤는데도… 아직 계층 간 이동의 방법은 오로지 부동산 투기밖에 없는 것 같습니다. (사이) 금융권과 부동산이 유착된 이 이상한 구조는 공정하지 않습니다. 불공정은 불균형을 낳고 불균형은 불평등한 사회를 고착시킵니다. 정의롭지 않은 경제 구조입니다. 우리는 우리의 노동으로부터 소외되지 말아야 합니다. 우리 노동의 대가는 공정하게 지급되어야 하고, 불균형은 해소되어야 합니다. 평등의 원리는 경제적 정의로움에서 시작됩니다.

조용히 영상을 바라보는 두 사람의 뒷모습.

암전.

3. 글 공방 '라운지 카피라이트Lounge ⓒ'

글을 쓰는 대학 동기들이 모이는 글 공방. 오래전에 모임이 해체됐는지 썰렁한 분위기. 지금은 모건 혼자 공방을 지키고 있다.
모니터를 앞에 두고 생각에 잠긴 모건. 시간을 확인하고 나가려 할 때 은솔이 들어온다.

은솔   그대로네.
모건   선배가 어쩐 일로…
은솔   바쁜데 찾아온 건가?
모건   아니, 괜찮아요. 이쪽으로…

모건, 은솔이 앉을 자릴 마련한다. 방안을 둘러보는 은솔.

은솔   요즘도 자주 만나?
모건   가끔. 거의 안 나와요. 다들 바쁘니까.
은솔   다들 잘 지내나? 뭐 하느라 바쁘지? 글 쓰는 사람들이.

모건   안 쓰는 사람들이 더 많으니까. (사이) 별하 선배, 안 쓰잖아.

은솔   그러네. 대신 공부하잖아.

모건   (웃음) 공부… 알리바이는 되지.

은솔   화훼 마을 일은 어때?

모건   좋아요. 돈은 되니까.

은솔   페이가 좋지?

모건   좋은 편이죠.

은솔   맞아. 그런 직장 흔치 않지.

모건   선배도 화훼 마을 일부터 시작했어요?

은솔   그럼. (사이) 잠깐.

모건   지금은 꽤 많이 받겠네.

은솔   (웃으며) 그럴걸.

은솔, 일어나서 잡지 몇 권을 들춰본다.

은솔   요즘은 어떤 글 써? 연애 얘기 쓰지 않았나? 예전에.

모건   그랬었나. (웃음) 연애 얘기지, 말하자면 연애 얘기.

은솔   지금은?

모건   연애 얘기. 난 거기서 벗어나질 못하나 봐요.

은솔   어떤 얘기야? 주인공이 죽어?

모건   아마 죽을걸. (생각해보고) 그럴 것 같은데.

은솔   아직 정리된 게 없구나.

모건   맞아요. 헤매는 중이에요. 갈피를 못 잡고.

모건, 은솔을 쳐다본다. 은솔, 자리에 앉는다.

은솔   정리하려면 어떻게 해야 돼?

모건   음?

은솔   쓰고 있는 이야기 말이야, 정리하려면 어떻게 해야 되냐고.

모건   음… 비전?

은솔   비전?

모건   (마치 독백처럼) 그래요, 비전. 문제가 뭔지는 다 아는 거고, 아픈 거 다 알고, 잘못된 거 다 알고, 한계 상황, 인간 조건 등등 다 알고… 그래서 결국 비전이 뭔가… 그게 안 그려지니까.

은솔, 모건의 말을 이해하려고 애쓴다.

모건   음… 그러니까 그냥 연애 얘기로는 안 되고, 나만의 어떤 그림이 있어야 하는데…

은솔   그게 없구나.

모건, 고개를 끄덕인다.

은솔   그런데 그걸로 뭘 줄 수 있는 거야, 읽는 사람들한테? 그 비전이라는 걸로.

모건   놀라움, 환희… 뭐 그런 거?

은솔, 고개를 끄덕인다.

모건 그래서… 그러니까, 그렇게 되면… 최소한 다른 시점, 다른 각도에
       서… 바라볼 수 있게…
은솔 뭘?
모건 응? (생각하다가) '나', '너', 그리고… '사람 사는 거'?, 뭐… 그런 거.
       (사이) 그래서 한 단계 변화하는… 뭐, 그런 거죠. 그렇게들 얘기하죠.
       맞아요.
은솔 (잠시 사이) 그런데 그 비전이 없다는 거네?
모건 그럴 거예요.
은솔 그건 어떻게 만드는 건데? 비전. (사이) 미안해. 나 이과라서.
모건 일단 내 문제가 뭔지 알아야 해요.
은솔 그리고?
모건 그리고… 그 문제를 해결해보려고 애써야 하고.
은솔 뭐야, 당연한 거잖아.
모건 그렇죠.
은솔 그러면 비전이 만들어진다고?

       모건, 고개를 끄덕인다. 은솔, 그런 모건을 바라본다.

모건 그런데 내 문제가 뭔지 알기조차 쉽지 않으니까…
은솔 그렇구나. 난 깨끗하게 답이 안 떨어지는 건 그냥 포기하는데. 문제 같
       지가 않아서. (모건을 보고) 그런 애매한 문제로 고민하는구나.
모건 (웃으며) 맞아요.
은솔 나는 있는데.

모건   음?

은솔   비전.

모건, 은솔을 바라본다. 은솔도 모건을 바라본다.
잠시 침묵.
은솔, 일어나서 가방을 든다. 모건도 따라서 일어난다.

은솔   (모건을 쳐다보고) 여울이라고 했지? 모건… 내가 학교 다닐 때 정말 좋
       아했는데… 그래서 마지막으로 도움을 주고 싶어. 되도록 빨리 데리고
       떠나.

모건, 은솔을 바라본다.

은솔   당분간은 좀 멀리 가 있는 게 좋을 거야. 아, 나쁜 짓을 하거나 귀찮게
       하거나 그러진 않겠지만 그래도 쉽게 사람을 포기하진 않아. 알고 있
       지? 이 팀, 그룹에 대해서. (사이) 대강. (사이) 대충.

모건   자세히는 몰라요. 특별히 알고 싶지도 않고.

은솔   사랑하는 사이 아닌가? 내가 잘못 알았나?

두 사람, 마주 보고 잠시 서 있다.
모건, 시선을 피한다.

은솔   생각하는 것보다 더 크고, 위험해. 독립된 팀이라서 법망을 피하기 쉽
       고, 구속해도 금방 풀려나서 단시간 내에 제기해. 마지막으로 얘기해

　　　　주는 거야.

모건　마지막?

은솔　그래. 나도 떠날 거야.

모건　별하 선배는?

　　　　은솔, 일어난다.

모건　별하 선배가…

은솔　내가 어떻게 행동해도 별하 씨는 남을 거야. 걱정 안 해도 돼. (사이) 그
　　　 럼, 갈게. (나가다 돌아서서) 꼭 완성했으면 좋겠어. 지금 쓰고 있는 얘
　　　 기. 비전. (웃으며) 책으로 나오면 근사하겠다. 꼭 사서 읽을게.

　　　　은솔, 나간다.
　　　　모건, 그 자리에 앉아서 생각에 잠긴다. 다시 노트북을 켜고, 무언가 써 내
　　　　려간다. 그리고 자신이 쓴 원고를 읽는다.

모건　"단 한 발짝도 움직이지 못하고, 멈춰 서 있다. …두려움. 언제나 이쯤
　　　 에서 뒷걸음질 쳐 홀로 방에 눕는다. 하지만 꿈을 꿀 수 없다. 머릿속
　　　 은 그저 엉클어진 망상뿐이다…"

　　　　잠시 생각하다가 썼던 것을 지워버린다.
　　　　여울과 별하가 들어온다. 모건, 노트북의 파일을 닫는다. 여울이 모건에
　　　　게 음료수를 건넨다.

모건   고마워.

여울   별하 님이 사주신 거야.

별하   실례합니다.

모건   손님 같네.

별하   손님이지. 지금은. (방을 둘러보고) 그대로네. 바뀐 게 없어.

모건   생각이 바뀌면 방도 바뀌겠죠. (여울에게) 맛있게 먹었어?

여울   (고개를 끄덕이고) 요즘은 뭐든 다 맛있는 거 같아. 물도. 커피도.

모건   다행이야.

여울   (모건의 말투를 흉내 내서) 다행이야.

별하   여기서 글도 쓰고, 밤새 술도 마시고, 작품 얘기하고 그랬지. 대부분
       다 쓸데없는 얘기들이었지만. 아닌가.

모건   맞아, 쓸데없는 얘기들.

별하   요즘은 어떤 얘기 써?

       모건, 별하를 쳐다본다.

별하   아직도 환상? 환상적인 얘기 아니었나, 예전에? 아, 미안. 진짜 궁금해
       서.

모건   그랬었나… (웃음) 말하자면 환상일 수 있겠네. 난 거기서 벗어나질 못
       하나 봐.

별하   누군가 사라지나?

모건   음… 아마 그럴걸. (생각해보고) 그럴 것 같은데.

별하   그래도 부러워. 아직 글을 쓸 수 있다는 게.

모건, 웃는다.

별하 갈게. (여울에게) 내일 봐요. 아, 내려주고 갈까요?
여울 아니에요. 걸어갈게요.
별하 덕분에 잘 먹었습니다.
여울 저도요.
별하 (나가면서) 다음에 지금 쓰는 얘기, 좀 들려줘. 환상적인 얘기. 정말 궁
      금해서 그래.
모건 (웃으며) 그래.

별하, 나간다.
두 사람, 잠시 말없이 앉아 있다.

여울 지금 쓰고 있는 얘기에 나도 나와?
모건 응.
여울 정말?
모건 그럴걸.
여울 그럴걸?
모건 이건 '이야기'잖아. '이야기'. 가짜.
여울 가짜.
모건 그러니까 현실 속에 사는 사람이 그냥 나올 수는 없지.
여울 그럼 바뀌는 거야?
모건 바뀌는 거지… 그러네.
여울 나, 많이 바뀌었지.

모건   응.

　　　　여울, 모건을 쳐다본다.

여울   이상해?
모건   아니… 그냥 좀 낯설어.
여울   내가 어떻게 바뀌었어?
모건   잘 먹고, 잘 웃고, 얘기도 잘하고, 일도 많이 하고, 잠도 잘 자고.
여울   나, 코 골아?
모건   아니.
여울   다행이네.

　　　　모건, 웃는다.
　　　　여울, 다쳤는지 손을 살핀다. 모건, 그런 여울을 발견한다.

모건   다쳤어?
여울   괜찮아.

　　　　모건, 밴드를 꺼내 여울에게 다가간다.

모건   붙여줄게.

　　　　모건이 여울의 손을 잡아 밴드를 붙여주려 하자, 여울이 조심스레 손을 뺀
　　　　다. 두 사람, 말없이 서로를 바라본다.

사이.
모건, 밴드를 건네고 다시 자리로 돌아간다.

여울   살아 있다는 느낌이야. 숨을 쉬고 있다는 느낌. (숨을 크게 들이쉬고 내
      뱉으며) 이렇게 숨 쉬고 싶었어.
모건   그래.
여울   커피가 이런 맛인지 몰랐어. 꽃향기가 그렇게 짙은 줄 몰랐어. 다음에
      오일에 대해서 알려줄 거라고 했어.
모건   누가?
여울   스태프님이. 별하 님이. (또박또박) 아니, 별하 님이 오일에 대해 알려
      줄 사람을 소개해주겠다고 했어.
모건   오일.
여울   오일. 이 팀은 꽃향기를 만들고, 오일 향을 만들어서 사람들에게 도움
      을 주는 거야. 또 다른 팀은 허브와 열매를 만들고, 치료제를 만들어서
      사람들에게 도움을 준대. 그렇게 자기들이 할 수 있는 일을 하고, 또
      위로하고, 그리고 이윤을 공평하게 나눠 갖고… 환상적이야.
모건   그렇네.
여울   마리도 이 일을 좋아해.
모건   마리, 좋아해?
여울   내가? (사이) 응. 좋은 아이야. 날 도와줬어. 아르바이트할 때, 겨울에,
      나 대신 일을 해줬어. 내가 아팠거든. 화장실도 같이 가줬어. 얘기했
      지?
모건   응.
여울   한동안 못 만났는데 잘 됐어. 같이 일하게 돼서.

모건   나한테 왜 얘기 안 했어? 마리 얘기.

여울   응? 안 했나? (사이) 깜빡했나 봐.

여울, 잠시 침묵. 앞을 바라보고 가만히 앉아 있다.

모건   상관없어. 괜찮아.

여울   마리는 마음이 약해. 마리는 내가 보살펴주고 싶은 친구야. 이 세상에 내가 보살펴줄 수 있는 사람이 있다는 건 가슴 설레는 일이야.

모건   그래.

여울   내가 일하는 게 싫어?

모건   아니.

여울   그럼 됐어.

모건, 아무 말 없이 커피를 마신다.

여울   해가 지나 봐.

모건, 고개를 돌려 창밖을 본다.

여울   해가 지는 건 언제나 슬퍼.

두 사람, 그냥 그렇게 앉아 있다.

암전.

3.

1. 플라워 하우스 '릴리'

2주가 지났다. 낮이 조금 더 짧아졌다. 플라워 하우스 '릴리'가 세상에서
조금 더 멀어진 느낌이다.
릴리 삼촌과 온유가 노래를 부르며 가게를 정리하고 있다.

릴리 삼촌·온유 (노래) 빨강 파랑 노랑 모자 쓴
　　　　　　　　　페인트 가게 털보 아저씨
　　　　　　　　　요양원 앞 작은 화단에 앉아 있어요.
　　　　　　　　　서쪽 창문 햇살 등지고
　　　　　　　　　침대 위에 앉은 울 엄마
　　　　　　　　　알록달록 그림 모아서 흥단했네요.

그때 별하가 들어온다.

릴리 삼촌 (장난스럽게) 어, 영업 끝났는데요, 손님!
별하　 (시간을 확인하며) 벌써 시간이 이렇게 됐네요.
온유　 오늘도 바쁘셨나 봐요.
별하　 아, 조금… (사이) 저, 혹시 은솔 님, 여기 안 들렀나요?
릴리 삼촌 은솔 님?
온유　 (릴리 삼촌에게) 오일 숍 멤버분요?

릴리 삼촌   응, 여기서 잠깐 일했었지. (별하에게) 안 왔는데.

　　　　온유, 두 사람 표정을 살핀다.

별하　　아, 휴가 중인데 혹시나 해서요. (얼버무리며) 쉬고 싶은 거겠죠. 오랜
　　　　만에 얻은 휴가니까. (릴리 삼촌에게) 정산은 올려주시면 확인하겠습니
　　　　다.

　　　　별하, 급히 돌아선다.

릴리 삼촌   그냥 가시게? 차라도 한잔하고 가시지.
별하　　아닙니다. 그럼, 다음 주에.

　　　　릴리 삼촌이 자리에 앉아 차를 마시며 장부를 정리한다. 온유도 정리를 마
　　　　치고 창가로 서서 기지개를 켠다.

온유　　그림자가 길어진 것 같아요.
릴리 삼촌   가을이 빨리 오려나?
온유　　유난히 더웠잖아요. (사이) 그림자가 길어지면 가족이 생각나요. 우리
　　　　가족, 다른 가족, 엄마 아빠 아이들… 그러면 외로워져요. 함께 걸어가
　　　　는 가족들 그림자가 길게 늘어지면 그만큼 어깨가 길게 늘어지잖아요.
　　　　(웃음) 오빠가 많이 업어줬어요, 어렸을 때.
릴리 삼촌   팀장님이 다정한 성격이구나.
온유　　아니요. 무뚝뚝하고 잘 웃지도 않고 놀아주지도 않았어요. 그냥 업어

주기만 했어요. 내가 우니까 그랬을 거예요.

릴리 삼촌 좋았겠다. 난 누구한테 업혀본 기억이 없는데. (생각하다가) 진짜네!
정말 아무도 안 업어준 거 아냐!

온유 오빠 생각하면 등만 생각나요. 커가면서도 오빠 등만 본 것 같아요.

릴리 삼촌 공부를 열심히 했나, 책상에 앉아서?

온유 (웃으며) 공부도 열심히 하고, 컴퓨터도 열심히 하고, 신발 신고 열심
히 나가고…

릴리 삼촌 다 뒷모습이네. 뭘 하시느라 그렇게 바빴을까?

온유 다른 사람 돕는 일.

릴리 삼촌 그래?

온유 어렸을 때도 어른이 돼서도 남을 돕는 일이라면 무슨 일이든 했던 것
같아요. 하지만 그 일에 대해서 오빠하고 얘기해본 적이 없는 것 같아
요.

릴리 삼촌 지금도 결국 남을 돕는 일이잖아.

온유 이제 뒷모습 말고 앞모습을 보고 싶어요.

릴리 삼촌 빨리 가서 보고와.

그때 모건이 들어온다.

온유 어서 오세요. 오늘은 그쪽 일도 일찍 끝났나 봐요?

모건, 릴리 삼촌과 온유에게 인사한다.

모건 여기 안 왔나요?

릴리 삼촌 아, 여울 님? 마리 님하고 낮에 왔다가 같이 나갔는데. 오늘 두 사람
       다 오프라면서?
모건 네.
온유 전화 안 받아요?
모건 전화가 꺼져 있네요.
온유 마리 님한테 한번 해보시죠?
모건 (잠시 망설이다) 연락이 오겠죠. 메시지 남겼으니까. 전 이만…

       모건, 인사하고 나간다. 온유, 모건이 나간 쪽을 바라본다.

릴리 삼촌 오늘은 다들 바쁘네. (사이) 저기, 마리 님 말이야.

       온유, 돌아본다.

릴리 삼촌 (장부를 다시 정리하면서) 어디서 본 것 같아서. 왠지 낯이 익어.

       온유, 핸드폰을 한번 열어보고, 가방을 챙긴다.

온유 저 먼저 나갈게요. 저녁 맛있게 드세요!

       릴리 삼촌, 손을 흔든다.
       창문이 더 붉어진다.
       릴리 삼촌, 음악을 켜고, 조용히 기도하듯 두 손을 모은다.

암전.

2. 오일 숍 '티트리'

실내에 디퓨저 향이 가득하다. 조용한 음악과 거친 숨소리. 두 사람의 실루엣.
잠시 후 조명이 밝아지고, 여울과 시온의 모습이 보인다. 여울이 의자에 허리를 세우고 앉아 있다. 하지만 편안한 자세. 마치 어떤 의식을 치른 듯한 분위기. 시온이 여울의 뒤에 서 있다가 앞으로 나온다. 여울의 거친 호흡이 차츰 가라앉는다. 아직 눈을 감고 있다. 시온이 여울을 내려다본다.

시온   (여울의 앞에 앉아서) 이제 괜찮아요, 눈을 떠도.

여울, 천천히 눈을 뜬다. 크게 숨을 내쉰다.

시온   잘했어요. 잘했어요. 잘했어요. (사이) 어때요? 마음이 좀 편안해졌나요?

여울, 고개를 끄덕인다.

시온   물론 깊게 파인 상처가 쉽게 아물지는 않겠죠. 하지만 조금씩 메워나갈 수는 있어요. 그동안 피하려 했던 것, 숨기려 했던 것들을 자기 자신에게 드러내는 게 중요해요. 아프더라도. 두렵더라도. 시간이 걸리겠지만 꼭 치유될 겁니다.

시온, 여울의 얼굴에 솟은 땀방울을 손수건으로 닦아준다.

시온 누구나 상처를 가지고 삽니다. 어떻게 그 상처와 마주하느냐가 문제겠
죠. (뭔가 생각해내려는 듯 이마에 손을 대고) 여길 그냥 '집'이라고 생각
하면 좋을 것 같은데…
여울 '집'.
시온 네, 달팽이 집.
여울 달팽이 집.
시온 여울 님이 필요할 때 언제든지 들어가서 쉴 수 있는 곳. 안락한 곳이
죠. 소란하지 않고, 따뜻한 곳이에요. 물론 습한 기운도 없고.
여울 (한숨처럼) 좋아요. 습기가 없는 곳. 가는 곳마다 습기였어요. 바닥을
젖히면 물기가 흥건했어요.

시온, 일어나서 입안에 오일을 한 방울 떨어뜨린다. 여울이 입을 벌린다.
여울의 입안에도 한 방울.

여울 곰팡이.
시온 곰팡이.
여울 항상 곰팡이가 따라다녔어요. 가는 곳마다. 내 꿈은 곰팡이 색깔이에
요.
시온 말끔히 사라질 거예요. (사이) 서두를 필요 없어요.

시온이 일어난다.

시온   자, 이제 일어나 보세요.

여울, 일어난다.

시온   어떠세요. 한번 걸어보세요.

여울, 천천히 걸어본다.

여울   가벼워졌어요. 머리도, 어깨도, 다리도. 신기해요.
시온   잘됐네요. 아까 무슨 일을 하는 거냐고 물었죠? 이렇게 마음과 몸이 무거운 분들에게 도움을 드립니다.
여울   여기서?
시온   여긴 오일을 블렌딩하고, 소개하고, 판매하는 곳이에요.
여울   그럼, 또 다른 숍이 있는 거네요?
시온   물론. 상담실, 치료실, 수면실은 다른 곳에 있어요.
여울   일하고 싶어요.
시온   이진 님과 의논하죠.
여울   하고 싶어요.
시온   그럼, 먼저 여기서 일을 배워보는 것도 괜찮겠네요.

실내가 조금 환해진다. 이진, 들어온다. 양손에 옷을 들고 있다.

이진   여울 님한테 어울릴 것 같아서. 내가 그냥 주는 거니까 부담 갖지 말아요. 젊고 예쁜 사람 보면 선물하고 싶어져요. (원피스를 건네며) 한번 입어봐요. 이쪽으로.

이진이 여울을 안쪽으로 데리고 들어간다.
핸드폰 진동 소리. 시온이 메시지를 확인한다. 당황한 표정의 시온. 급하게 문자를 보낸다. 잠시 서성이다가 자리에 앉는다. 어딘가에 전화를 건다.

시온   (핸드폰에 대고) 접니다. 경찰이 들이닥치다니, 그게 무슨 말입니까? (사이) 뭔가 잘못 안 거겠죠. (사이) 그쪽 매니저님들과 연락해보겠습니다. 그냥 침착하게 대응하세요. 별일 아닐 겁니다.

시온, 핸드폰을 끈다.
이진, 여울을 데리고 나온다. 여울, 다른 사람처럼 보인다. 이진, 여울을 거울 앞에 세우고, 액세서리를 맞춰본다.

이진   (시온에게) 어때?

시온, 일어나서 여울을 바라본다.

시온   다른 사람 같네요.
이진   예쁘지?
여울   어색해요.
이진   잘 어울려요.

시온, 핸드폰을 다시 확인하고, 두 사람 쪽으로 간다.

시온 그럼, 저는 이만 가볼게요. (이진에게) 잘 부탁드립니다. (여울에게) 고
맙습니다, 도움을 주셔서.

시온, 급히 나간다.
여울, 구두까지 신었다. 앞으로 걸어 나오는 여울. 다른 사람의 몸을 보듯
자신의 몸을 본다. 눈을 크게 뜨고 앞을 바라본다. 무슨 생각을 하고 있는
지 쉽게 알아차리기 어렵다. 이진, 여울의 뒤에 서서 그런 여울을 바라본
다.

암전.

3. 하늘 아래 그네 '클라우드 나인'

구름이 낮게 내려앉았다. 멀리서 천둥소리.
그네에 마리.
조금 떨어진 곳에서 모건, 핸드폰을 내려다본다.

마리 왔어요?
모건 아니.
마리 걱정돼요?

모건, 대답이 없다.

마리   걱정하지 마세요. 별일 없을 거예요.
모건   오일 숍 '티트리'? 무슨 뜻이지?
마리   오일 이름이겠죠, 아마?
모건   그래?
마리   집에 데려다준다고 했어요.
모건   그럼, 데려다주겠지.

마리, 천천히 그네를 흔든다.

모건   일이 재미있어?
마리   네.
모건   그래?
마리   돈을 번다는 건 매력적인 일인 것 같아요.
모건   그래.
마리   돈을 많이 버는 건 더 매력적인 일이죠.
모건   돈이 많이 필요해?
마리   (생각하다가 고개를 끄덕이며) 필요해요.
모건   그렇군.
마리   오빠는 어때요? 돈이 필요하지 않아요?
모건   응. 필요하지.

마리, 웃는다.

모건 왜?

마리 아니에요.

모건 마리는 돈을 많이 벌 때까지 여기서 일하겠네?

마리 꼭 돈 때문만은 아니에요.

모건, 마리를 쳐다본다.

마리 여긴 적어도 사람한테 함부로 하지 않아요. 잘은 모르지만 성폭력도 없을 것 같고. (모건의 얼굴을 보고) 너무 나갔나? 아무튼.

모건 아니, 그럴 것 같아.

마리, 정면을 바라본다.

모건 단정 지어 말할 순 없지만.

마리 자존심을 건드리거나 다른 사람을 비난하지도 않아요.

모건 그래.

마리 (웃으며) 여기, 별로 마음에 안 드는데 여울 님… (사이) 여울 언니 때문에 어쩔 수 없이 일하는 거, 알아요.

모건 특별히 마음에 안 들거나 그런 건 아닌데… 여기, 위험한 곳이라고 생각하는 사람도 있어.

마리 그래요?

모건 그래.

마리 누군데요?

모건, 대답 없이 서 있다.

마리   오빠도 그렇게 생각해요?
모건   난 잘 몰라. 하지만 궁금한 게 많은 건 사실이야.
마리   나도요. 돈을 많이 주니까 그렇게 생각하는 거 아닐까?
모건   그럴 수도.
마리   그럴 거예요. (사이) 하지만 나한테 여긴 안전한 곳이에요.
모건   그래.
마리   여기서 돈을 벌 거예요. 그 돈으로 디자인 사무실을 만들고 싶어요. 그 사무실에 공간을 만드는 사람들이 모이는 상상을 하면 기분이 좋아져요. 사람들이 편안하게 일할 수 있는 공간을 창조하고 싶어요.
모건   창조.
마리   네, 오늘 화훼 마을 스태프님이 그렇게 말했어요. "마리 님의 꿈은 결국 창조하는 거네요."
모건   그러네.
마리   좋은 사람들이 함께 살아갈 수 있는 공간을 많이 만들고 싶어요. 모건 오빠는 거기서 글만 쓰면 돼요.

모건, 마리를 쳐다본다. 마리, 모건을 쳐다본다.

마리   놀랐어요? (웃음) 놀랄 필요 없어요. 꿈이에요.
모건   생각만 해도 가슴 벅찬 일이네. 글만 쓴다… 그냥 글만 쓴다…
마리   황홀하죠?

모건   (웃으며) 글만 쓴다…
마리   지금부터 생각해 보세요. 꿈이니까.
모건   그러지.

       모건, 일어나서 반대쪽으로 간다.
       빗방울이 떨어지기 시작한다.

마리   (독백처럼) 어쩌면 정말 현실에서 이루어질 수도 있어.

       모건, 돌아본다.

마리   난 매일 매일 그런 꿈을 꾸면서 일을 해요.

       손바닥을 펴서 비가 내리는 걸 확인한다.

모건   내려가지.
마리   (하늘을 올려다보고) '하늘 아래 계단'.
모건   응?
마리   하늘, 아래, 계단이 보인다고 했어요, 여기서 올려다보면.
모건   누가?
마리   (생각해내려고 애쓰며) 잘 생각이 안 나요. 누군가 그렇게 말했어요.
       '하늘 아래 계단'. 누구지?

       모건, 위를 올려다본다. 그리고 고개를 떨군다.

모건   그때도 비슷한 얘길 했어. 그날 밤에도.

마리   내가요?

모건   그래.

마리   그랬었나? (사이) 그럴지도 몰라요. 모건 오빠하고 함께 있으면 늘 비슷한 생각을 하니까.

모건   바라는 게 뭐야?

마리, 하늘을 올려다본다.

모건   지금 바라는 거. 마리가 원하는 거.

마리   이대로 그냥 있는 거요. 아무 일도 일어나지 않고, 아무도 떠나지 않고, 그냥 이대로 있었으면 좋겠어요.

마리, 모건을 쳐다본다.

모건   어쩌면 누군가 떠날 수도 있어. 나, 아니면 여울이. 누군가…

마리   사랑하잖아요.

모건, 고개를 가로젓는다.

마리   아니에요?

모건   여울이가… 떠날 거라는 생각에 늘 불안해.

마리   떠나지 않을 거예요.

모건   그럴까?

마리   (고개를 끄덕이며) 잘 할 수 있을 거예요. 여울 언니도 오빠도 나도.

모건   우린… 다… 어쩌면 두려워하고 있는 걸 거야. 마리도 여울이도 나도.
       (마리를 바라보고) 상처받지 않으려고.

마리   난 상처받지 않고 살아갈 수 있는 공간을 매일 꿈꿔요. 내가 발견한 공
       간이에요. 그런 공간을 꼭 창조하고 싶어요. 거기서는 혼자가 아니에
       요. 여울 언니도 아프지 않을 거예요.

모건   공간… 여울이 함께 할 수 있는 공간…

       모건, 마리를 바라본다.

모건   마리. (조심스럽게) 내가 떠나도 여울이는 여기 남을 거야.

       사이.

마리   그럴 거예요.

모건   마리와 함께 있는 걸 좋아해.

마리   여울 언니?

모건   응.

마리   오빠가 떠나면 달라질 거예요. 지금은 오빠가 있기 때문에 사람도 만
       나고, 일도 할 수 있는 거예요.

모건   그렇게 생각해?

마리   (웃으며) 모건 오빠가 더 잘 알잖아요.

모건, 고개를 젓는다.
나뭇잎이 빗물에 젖는다.

마리　여울 언니는 오빠를 사랑해요.

모건, 그 자리에 그대로 서 있다.
그때 온유가 올라온다. 숨이 차지만 침착하게 숨을 고르고 말한다. 모건
과 마리, 온유를 쳐다본다.

마리　온유 님…
온유　경찰이 왔다 갔어요.

두 사람, 온유를 쳐다본다.

온유　가게에. 장부를 다 가져갔어요. 스태프님들하고 연락이 안 돼요. 화훼
　　　마을, 오일 숍에도 아마… 릴리 삼촌이 조금 전에 그쪽으로 갔어요, 오
　　　일 숍.

마리, 천천히 일어난다. 모건, 핸드폰으로 전화를 건다.

온유　별하 님, 안 받아요.
마리　(조용하면서 담담하게) 경찰이 왜?
온유　불법 영업을 했대요. 팀이. (뒤돌아서 가려다가 모건에게) 여울 님, 빨리
　　　찾아야 해요!

빗방울이 굵어진다. 온유, 패딩을 머리에 뒤집어쓰고 내려간다.

마리, 뭔가 생각난 듯 온유를 따라 내려간다.

모건, 도시를 내려다본다. '이곳은 외롭게 떠 있는 섬인가.' 모건, 하늘을 올려다본다. 거기에 은솔과 여울의 모습이 보인다. 두 사람, 구름 속으로 걸어가는 듯하다. 멀리서 기적 소리 비슷한 울림. 두 사람이 걸어가는 모습을 물끄러미 바라보는 모건. 두 사람, 뒤를 돌아본다.

천둥소리.

암전.

<h1 style="text-align:center">4.</h1>

1. 플라워 하우스 '바이허百合'와 오일 숍 '시트러스Citrus'

한 달 후. 플라워 하우스 '릴리'가 '바이허'로 바뀌었다. 릴리 삼촌이 가게
를 정리하고 있다.
잠시 후 온유가 들어선다. 어리둥절한 표정으로 가게를 둘러보는 온유.

온유   (혼잣말처럼) 릴리 삼촌!
릴리 삼촌 (반갑게 맞이하며) 온유 님! 어디 갔다가 이제 온 거야.
온유   (멋쩍게) 아, 그냥 어디 좀······
릴리 삼촌 이제 '릴리'가 아니야. 중국어로 '백합', '바이허'. '바이허'라고 불
        러줘!
온유   '바이허'?
릴리 삼촌 그래, '바이허!'

릴리 삼촌의 노랫소리가 울려 퍼진다. '바이허'의 실내, 어두워진다.
동시에 오일 숍이 보인다. 채널 간판의 레터링이 'Tea Tree'에서 'Citrus'
로 바뀌었다.
마리가 방으로 들어온다. 완전히 달라진 모습. 오일 병에서 오일을 한 방
울 떨어뜨려 귓불에 묻힌다. 마리의 얼굴에 이진의 그림자가 드리워져 있
다.
은솔이 오일 숍으로 들어온다. 방안을 둘러보는 은솔. 마리가 은솔에게 자

리를 권한다. 은솔은 청바지에 캐주얼 재킷, 백팩을 메고 있다. 평범한 대학원생처럼 보인다. 은솔, 의자에 앉는다.

마리   차 한잔 드릴까요?
은솔   고마워요. 이왕이면 '시트러스'로 주세요.

마리, 웃으며 차를 준비한다. 은솔의 눈이 마리를 따라간다.

마리   매니저님은 휴가 중이세요.
은솔   얘기 들었어요. 아직 조사받고 있나 보죠?
마리   (웃으며) 연락을 주셨으면 좋았을걸.
은솔   괜찮아요. 그냥 한번 와보고 싶었어요. 많이 바뀌진 않았네요. (사이) 그래도 이름은 낯설어요.

마리, 찻잔을 은솔에게 건넨다.

은솔   (찻잔을 받으며) 고마워요.

은솔, 한 모금 마신다.

마리   예전에 뵌 적 있어요.
은솔   음?
마리   스터디 룸 '스테어웨이'에서. 몇 년 됐어요.
은솔   그래요?

마리　네.

은솔　여울 님이 친구라고 들었어요.

마리　(앉으며) 네.

은솔　어떤 친구?

마리　좋은 언니에요.

은솔　난 별하 님 소개로 들어온 줄 알았어요. 여울 님도 모건 님도.

마리　많이 도와주셨어요.

은솔　책임이 무겁겠네요.

마리　네?

은솔　마리 님이.

마리, 은솔을 바라본다.

은솔　여기, 그렇잖아요, 친구, 형제자매, 선배, 후배, 제자… (웃음) 담임 선
　　　생님. 그러니까 결국 자기가 책임져야 하잖아요.

마리　네. 맞아요. 저를 데려온 친구도 늘 저한테 책임을 느끼는 것 같아요.
　　　저도 책임을 느껴요, 여울 님한테. 제가 할 수 있는 모든 걸 다 할 거예
　　　요.

은솔, 웃는다. 마리, 왜 웃는지 의아한 표정.

은솔　아니에요. 늘 듣던 말이라서…

마리　별하 스태프님?

은솔, 고개를 끄덕인다.

마리   모건 님도 잘 적응할 거예요.

은솔   떠나라고 얘기해줬어요, 내가.

마리   모건 님한테요?

은솔   네. 여울 씨 데리고. 그랬으면 해서. (사이) 왠지…

마리   모건 님을 좋아하시죠?

은솔   네. 좋아했던 후배예요. 상처가 많은 친구예요. 여울 님, 좋아해요?

마리   네?

은솔   그냥 친한 친구 사이는 아니잖아요. 그렇게 들었어요.

마리   (웃으며) 좋아해요. (사이) 제가 많이. (사이) 설명하기는 어려워요.

은솔   모건이 많이 힘들겠네요.

마리, 잠시 은솔의 얼굴을 쳐다본다.

마리   (일어서며) 두 사람한테 알맞은 곳이라고 생각해요. 여울 님, 모건 님
       한테요.

은솔, 말없이 차를 마신다.

마리   여기라면 제가 끝까지 보살펴줄 수 있어요.

은솔, 찻잔을 내려놓고 일어난다.

은솔   마지막까지 마음에 걸렸던 사람은 이진 매니저님도 별하 스태프님도
        아니었어요. (사이) 여울 씨였어요. 왠지는 몰라요. 만난 적도 없는
        데… 그냥 아파요, 가슴이.

마리   (웃으며) 여기서 안정을 찾아가고 있어요.

은솔   그렇겠죠. (마리의 눈을 쳐다보며) 그럼 곧 일을 시작하겠네요?

마리   여울 님도 빨리 일을 하고 싶어 해요. (웃으며) 치유를 목적으로 하는
        일이잖아요.

은솔   그래요.

마리   걱정 안 하셔도 돼요. 이제 어디로 가시죠?

은솔   취업 준비 중이에요.

마리   어떤?

은솔   날 필요로 하는 기업이면 어디든. 이 팀에서 일한 경험이면 어디 가도
        대우받지 않겠어요? 홍보, 마케팅, 영업, 제품관리, 전략기획, 인사…
        (사이) 일하고 싶어요! 못 할 일 없잖아요? 차 잘 마셨어요.

        은솔, 마리에게 찻잔을 건넨다. 마리, 찻잔을 받는다.

마리   꼭 좋은 직장 구하실 거예요. 사람들을 위해서 많은 일을 하실 분이에
        요, 은솔 님은.

        은솔, 가방에서 목걸이를 꺼내 마리에게 건넨다.

은솔   이진 님한테 전해주세요. 그동안 고마웠다고. 어쩌면 직접 안 만난 게
        잘된 일인지도 몰라요. 아마 울었을 거예요.

마리   (목걸이를 받고서) 전해드릴게요.

은솔, 나간다.
마리, 목걸이를 쳐다본다.
'시트러스', 어두워진다.
'바이허'에 온유와 모건이 보인다. 모건, 가게를 둘러본다.

온유   놀라셨죠? (명함을 꺼내며) 오일 숍은 이렇게 바뀌었대요.
모건   (명함을 받아서) 시트러스?
온유   여울 님은 연락이 됐어요?
모건   네. 당분간은 전화 통화만 가능하다고…
온유   찾아가도 못 만난대요?
모건   (고개를 끄덕이며) 모르겠어요… 교육 중이라고. (사이) 그래도 잘 있다
        니까…
온유   그래도 찾아가 봐야 하는 거 아니에요?

모건, 대답이 없다.

온유   교육 중이라도 잠깐, 만날 수는 있잖아요?
모건   만나고 싶으면 아마 연락을 할 거예요.
온유   그럼, 여울 님이 '만나고 싶다' 그럴 때까지 기다리는 거예요?

모건, 웃는다. 그때 모건의 핸드폰 진동이 울린다. 메시지를 확인하는 모
건. 온유, 조심스럽게 모건의 표정을 살핀다. 모건, 잠시 생각에 잠긴다.

온유　무슨 일이세요?

모건　'시트러스'. 여울이 여기 있다고…

　　　모건, 온유에게 핸드폰을 건넨다. 온유, 메시지를 읽는다.

모건　은솔 선배예요.

온유　"마리와 별하 씨가 계획한 일이야. 가능하면 빨리 데리고 나와야 해.
　　　남자들 상대하는 일이야."

　　　모건, 자리에 앉는다.

모건　남자를 상대하는 일… 마리와 별하 선배가 계획한 일…

온유　(주위를 살피고) 여울 님, 혼자 두면 안 돼요. 어서 가보세요!

　　　모건, 온유를 의심스럽게 쳐다본다. 온유, 설명하기 어렵다.

온유　경찰 조사받은 후부터 팀장님 대신 별하 님이 팀을 관리하고 있어요.
　　　마리 님이 매니저 일을 대신하고. 다시 회복하려고 일을 서두르는 거
　　　예요.

모건　그럼, 처음 별하 선배가 모임에 날 초대할 때부터…

　　　온유, 무언가 말하려 할 때 릴리 삼촌이 들어온다.

릴리 삼촌 모건 님! 어때요, 우리 숍 이름? 플라워 하우스 '바이허'. 이제 우리도 국제적인 감각을 익힐 필요가 있어. 미래를 준비해야지. 해외로 진출할 때를 대비해서, 음… 뉴욕에 '더 로즈', 동경에 '아사가오', 상해에는 '바이허', 발음 어때 '바이허'! 응?

모건, 나가고 없다.
온유, 핸드폰으로 어딘가에 메시지를 보내고 있다.

릴리 삼촌 이름이 별론가?

창밖에 불빛이 어른거린다.

암전.

2. 오일 숍 '시트러스'

오일 숍에 시온, 이진, 별하, 마리.
시온과 이진, 경찰서에서 풀려나온 후 첫 방문. 시온이 실내를 둘러본다.
이진, 의자에 앉아 있다. 마리가 차를 준비한다. 모두, 행동이 조심스럽다.

이진   (마리에게) 기대 이상이네.
별하   두 사람, 경찰서에 있는 동안 마리 님이 숍 이름도 바꾸고 급한 일들, 정리했어요.
이진   (시온에게) 나보다 훨씬 유능한 것 같아.

시온   (마리에게) 수고하셨습니다. (별하에게) 별하 님도.

마리와 별하, 시온과 이진에게 찻잔을 건넨다.

별하   (이진에게) 경찰에서는 뭐라고 해요? 그냥 내보내 주고… 이대로 끝내
       진 않을 텐데.
이진   계속 조사받아야 해. 팀 사업 전체를 들여다보겠대. (마리에게) 그렇다
       고 우리 팀에 문제가 있는 건 아니니까 크게 걱정할 건 없지만… 누군
       가 팀에 관한 일들을 외부에 알리고 있어. (별하에게) 그게 누군지 알
       아낼 수 있을까?
별하   은솔 님은 아니예요.
이진   알아. 그건 내가 더 잘 알아.

마리, 이진에게 목걸이를 건넨다.

마리   취직 준비를 하고 있대요.

이진, 목걸이를 바라본다.

마리   떠날 생각을 굳힌 것 같아요.
시온   내부의 상황이 왜곡된 상태로 외부에 노출되는 건 좋지 않습니다. 팀
       을 위험에 빠뜨릴 수도 있어요. 빨리 찾아야겠네요. (이진에게) 어떤 방
       법이 있을까요.
별하   외부에서 출처를 찾아야겠지.

시온, 이진을 쳐다본다.

이진   알았어. 내가 알아볼게.

시온   우린 법을 어기지 말아야 합니다. 이번 일은 말하자면 실수예요. 업종과 세법에 대한 이해가 부족했던 거로 이해됩니다. 급할수록 여유를 가져야 하는데 체크해야 할 부분을 놓쳐버린 거예요. 위기를 기회로 삼아야죠. 더 긴장해야 할 것 같습니다. 앞으로 저도 각별히 주의하겠습니다.

이진, 피곤이 몰려오는 듯 눈을 감고 있다.

마리   (이진과 시온에게) 여기 일은 걱정 마세요.

이진   다행이에요. 마리 님이 걱정을 많이 덜어주네요.

이진, 일어나서 마리를 잠시 바라본다.

이진   내가 복이 많은 것 같아. (웃으며) 잘 부탁해요.

시온   (마리에게) 잘 부탁드립니다.

시온과 이진, 나간다.
별하, 나가려다 잠시 머뭇거린다. 마리, 그런 별하를 바라본다.

별하   은솔 님, 다른 얘긴 없었나요?

마리   여울 님 얘길 했어요. 연민 같은 걸 느끼는 것 같았어요. 아무래도 자
           신이 하던 일이니까…

           별하, 그대로 서 있다.

마리   무슨 일이든 잘하실 거예요, 은솔 님.

           별하, 고개를 끄덕이고, 마리를 한 번 쳐다본 다음 나간다.
           잠시 후 안쪽에서 여울이 나온다. 조금 야윈 모습. 얼굴은 창백하다.

마리   조금 더 쉬지 않고. (여울을 의자에 앉히며) 좀 나아졌어?
여울   (웃으며) 괜찮아. 좋아졌어. 누가 왔다 갔어?
마리   아, 시온 님, 이진 님. 언니 안부를 물었어.
여울   여울 님.
마리   어머! (웃으며) 그래, 여울 님. 여울 님 안부를 물었어.
여울   그랬어?

           마리, 차를 준비한다.

여울   마리 님?
마리   응?
여울   어제 수면실에서…

           마리, 여울을 쳐다본다.

여울   어제 어땠는지 물어봤잖아?
마리   (의자에 앉으며) 응. 혹시 힘들었나 해서.

여울, 그대로 앉아 있다.

마리   처음 일하는 거니까.
여울   (고개를 가로저으며) 아니.
마리   그래?

여울, 고개를 끄덕인다.

마리   손님이 금방 잠들었어?

여울, 고개를 끄덕인다.

마리   그래?
여울   금방? (생각해보고) 10분? 20분? 아닌가? (웃으며) 잘 모르겠어.

마리, 일어나서 다시 차를 준비한다.

여울   왜 물어봤어? 어제 어땠냐구?
마리   (웃으며 친절하게) 얘기했잖아, 처음 일을 시작한 거니까. 여기 와서.
여울   참, 그랬지. 까먹었어.

마리, 여울에게 찻잔을 건넨다.
여울, 찻잔을 받는다. 그리고 멍한 표정.

마리 (조심스럽게) 기분이 안 좋았어?

여울, 고개를 가로젓는다.

마리 처음이니까 피곤했을 거야.
여울 하나도 안 피곤했어. 그런데…

마리, 여울의 말을 기다린다.
침묵.

여울 아니야.

사이.

여울 그럼 치료실에서는 어떤 일을 하는 거야?
마리 말 그대로 손님들을 치료하는 거야. 마음이 무겁거나 가슴이 답답하거
      나 배가 아프거나 팔다리가 아프거나…
여울 피부병 있는 사람도?
마리 그럼.
여울 아토피 환자도 있겠다.

마리   있어.

여울   괴로워, 아토피.

마리   (몸서리치며) 괴로워!

두 사람, 웃는다.

여울   우리가 치료를 할 수 있다는 거지?

마리   그럼.

여울   내가 할 수 있을까?

마리   그럼. 잘 할 수 있을 거야. (여울의 머리를 쓰다듬으며) 그런데 일단 밥을 잘 먹어야지. 어제부터 아무것도 안 먹었잖아.

여울   이럴 때는 먹을 수가 없어. (마리를 쳐다보고) 아무것도 할 수가 없어.

마리   그래도 먹어야 해. (찻잔을 들어 여울의 입에 대어주며) 조금만 마셔봐. 기분이 나아질 거야.

여울, 고개를 돌려 피한다.

마리, 일어나서 찻잔을 테이블에 놓고, 디퓨저를 켠다.

여울   누가 왔다 갔다고 했지?

마리   시온 님, 이진 님.

여울   아, 맞다. 또 까먹었다.

마리   들어가서 좀 쉴까?

여울   날 싫어하면 어떡하지?

마리   누가?

여울   여기 있는 사람들. 별하 님, 이진 님, 또 시온 님… 경비 아저씨, 기사
      님…

      마리, 금방 울 것 같다.

마리   언니를 싫어하는 사람, 없어. 아무도.
여울   그래?
마리   (여울의 손을 잡고) 조금만 참으면 돼. 언니한테는 여기가 훨씬 안전해.
      그리고 돈을 벌 수 있잖아. 우리 돈 많이 벌면 외국에서 살자. 모건 오
      빠하고 함께.
여울   함께?
마리   그래, 언니는 어디서 살고 싶어?

      여울, 대답이 없다.

마리   조금만 참아. 그러면 어디든 원하는 곳으로 갈 수 있어. 여기서 나가고
      싶어?
여울   아니.
마리   그래. 밖은 위험해. 언니한테는 위험해. (여울을 안고) 여기선 아무도
      때리지 않아. 그리고 괴롭히는 남자도 없어. 조금만 참아, 조금만, 조
      금만…

      여울, 마리의 말을 듣고 있는 것 같지 않다.
      그때 별하가 들어온다. 마리가 일어난다.

별하   (마리에게) 모건이 여길 어떻게 안 거죠?

       마리, 여울을 쳐다본다.

마리   (여울에게) 모건 님이 여울 님을 만나러 왔나 봐. 들어오라고 할까?
여울   (잠시 생각한 후) 아니. 나중에.

       여울, 일어나서 안쪽으로 들어간다.

마리   (별하에게) 괜찮아질 거예요. 모건 님은 제가 만날게요.
별하   아니, 내가 만날게요. 들여보내라고 해주세요.

       마리, 핸드폰으로 문자를 보낸다.

마리   조금만 기다려달라고 해주세요. 곧 만날 수 있을 거예요. 정말이에요.
       조금만 더 기다려주면 평온한 상태로 일을 시작할 수 있어요.
별하   그렇게 전할게요.

       마리, 안으로 들어간다. 잠시 후 모건이 들어온다.

별하   여긴 스태프 아니면 출입이 금지된 곳인데. (웃으며) 앉아.

       모건, 실내를 둘러본다.

모건   시트러스…
별하   차 한잔할래?
모건   마리는 어디 있지?

        별하, 모건을 쳐다본다.

모건   여울이는?

        별하, 고개를 돌린다.

모건   이게 다 계획한 거라고 하던데… 선배하고 마리하고…
별하   잠깐 앉지.

        모건, 별하에게 다가간다. 별하, 긴장한다. 모건이 별하의 머리를 때린다.
        거의 밀치는 것 같다.

별하   야, 왜 이래!
모건   나하고 여울이를 속였어! 거짓말을 하고, 속였어!

        모건, 다시 주먹을 휘두르지만 별하, 피한다. 두 사람, 몸싸움. 태어나서
        처음으로 싸움을 해보는 것 같다.

별하   잠깐만! 모건! 왜 이래, 잠깐, 내 말 좀 들어봐!

별하 도망간다. 모건 따라간다. 테이블을 사이에 두고 마주 선다.

모건   날 속였어! 마리하고 둘이서! 날 속이고, 여울이를 속였어! 넌 나쁜 놈
이야!

별하, 다시 안으로 도망친다. 안에서 싸우는 소리. 모건과 별하, 서로 엉켜
온 힘을 다해 싸우는 듯.

별하 (소리) 악! 그만해!
모건 (소리) 나쁜 놈!

잠시 후 별하, 기어 나온다. 모건, 따라 나와 별하의 다리를 잡고, 몸 위에
올라타 공격한다.

모건   나쁜 놈아! 아무리 그래도 그렇지, 날 속여?

자세, 역전. 별하가 위에서 공격한다.

별하   그래! 하지만 넌 알고도 일을 했잖아, 여기서! 돈도 받고!

다시 역전.

모건   그건 여울이 때문에, 어쩔 수 없었던 거고! 그런데 뭐? 남자를 상대하

는 일?

모건, 별하를 때린다. 별하, 모건의 팔을 문다. 모건, 비명을 지르며 떨어져 나간다. 모건, 다시 덤비려 할 때 별하가 소리친다.

별하   본인들이 원해서 한 일이야!

모건, 멈춘다.

별하   은솔이도 마찬가지야! 여울이도 마찬가지고! 다 마찬가지야! 다 똑같아! 너희들이 원해서 한 일이잖아! 정 그러면 데리고 나가! 아무도 안 막아. 지금이라도 그만두면 된다고! 그런데 네 연락도 안 받잖아! 널 만나고 싶지 않대!

지친 두 사람, 바닥에 앉아 있는 건지, 기대고 있는 건지… 그렇게 잠시 시간을 보낸다.

별하   잊어버리는 게 좋을 거야. 여울이.

모건, 별하를 쳐다본다. 별하, 또 맞을까 봐 몸을 피한다.

모건   (고개를 돌리며) 안 돼.
별하   너도 알 텐데. 손목에 난 자국들 봤어.

모건, 침묵.

별하   언젠가는 떠날 거야. 은솔이처럼. (사이) 그러면 너도 상처받을 거야.

별하, 고개를 돌린다.
사이.

별하   지금은 질투해서 이러는 거 아니야. (사이) 사실 질투했어, 많이.

모건, 별하를 쳐다본다.

별하   난 재능이 없잖아.
모건   나도 재능 없어.
별하   넌 잘 쓰잖아.
모건   마르케스 흉내라고 그랬잖아.

별하, 웃는다.

모건   하루키에 된장 풀어놓은 것 같다고.
별하   흉내 낸다는 게 잘 쓴다는 거야. 난 흉내도 못 내잖아. 시작도 못 하면
      서 떠들기나 하고… 그래서 도망친 게 대학원이야.
모건   그래도 공부 좋아했잖아. 강의도 좋아하고. 그런 거 부럽던데.
별하   좋아했었지.

어딘가에서 생수병을 찾아 물을 마시고, 모건에게 건넨다. 모건, 생수병을 받아서 한 모금 마신다.

별하   대학원 다니면서 글 쓰는 거, 공부하는 거, 강의하는 거… 연구실, 교수들… 모든 것에 환멸을 느끼게 됐어. 위선에 오만에 거만에 갑질에 성추행, 표절, 논문 가로채기… 은솔이 대학원 왜 그만뒀는지 알지?

모건, 대답 없다.

별하   그 교수, 지금도 학교 잘 다니잖아. 은솔이는 한 달 동안 입원해 있었어.

별하, 물을 마신다.

별하   여기는 아니었어. 정반대였어. 게다가 중요한 건 아무도, 아무것도 강요하지 않는다는 거야. 기다려주고, 배려하고, 나누려고 애쓰고… 은솔이 여기 왔을 때 처음 한 말이 있어. "여기는 어떤 자리에 가든 제일 어린 사람을 먼저 배려하는 것 같아." 맞아. 어린 사람, 약한 사람, 아랫사람 눈치를 살피는 것 같았어. 모두가 습관적으로. 여기서는 열심히 일한 사람이 보상을 받아. 돈으로 배경으로 자리를 얻거나 하는 일은 불가능해. 비즈니스, 아부, 모략, 접대… 그런 거 다 필요 없는 세상. 무엇보다도 경쟁할 필요가 없다는 건 그 자체로 나한테는 매력적이었어.

모건   지금은 후회해?

별하 (사이) 아니. 여기가 좋아. (사이) 마리 님이 부탁했어. 조금만 더 기다
려달라고. 지금은 만나도 소용없을 거야. 여울이한테는 오히려 여기
가 더 안전한 세상일 수 있어. 나도 여기가 더 안전하다고 느끼니까.
여기서는 잠을 잘 수가 있어. (모건을 바라보며) 질투한 건 분명하지
만… 모건, 이렇게 다른 세상이 있다는 걸 알려주고 싶었어. 이건 진심
이야.

모건, 별하를 물끄러미 바라본다.

모건 중요한 건 한 달이 지났는데 여울이가 날 찾지 않는다는 거야. 이런 일
은 거의 드물어. 뭔가 달라지고 있는 거야.
별하 달라지고 있겠지.
모건 내가 할 수 있는 일이… 없어.
별하 그럴 거야. 지금은. (사이) 나도 그랬어.
모건 난 그냥 기다렸지, 그냥. 이런 상태로. (사이) 비겁해.

별하, 모건을 쳐다본다. 모건, 생수병을 옆으로 굴린다.

모건 겁먹은 채 그 자리에 서 있는 거야. 상처 받을까 봐 두려워서. 결국 글
을 쓰는 것도… 알고 보면 도망친 거야. 현실이 두려우니까. 싫다는 것
도 결국은 핑계야. 사실은 두려운 거지.

두 사람, 그렇게 침묵. 잠시 후 별하, 휴대폰으로 시간을 확인한다.

별하　시간 있어?

모건　응.

별하　게임 한판 할까?

모건, 잠시 망설이다가 별하의 휴대폰을 훔쳐본다.

잠시 침묵.

별하　싫으면 말고.

모건　깔아야지.

별하　깔아야지.

두 사람, 머리를 마주 대고 앉아서 게임을 한다. 처음엔 좀 어색하게. 그러
나 시간이 지나면서 점점 열중하는 두 사람. 완전히 빠져든다. 게임에 몰
입한 두 사람에게 세상은 그저 멈춰진 풍경이다.

암전.

3. 플라워 하우스 '바이허'

사흘 후. 릴리 삼촌이 중국어 회화 연습 중이다.

릴리 삼촌　"하오샹 이치에 또우 지에슈 러好像一切都结束了", "모든 것이 다 끝
　　　　난 것 같아요", "부야오 타이 딴 신不要太担心", "너무 걱정하지 말아
　　　　요", "찌아요우加油", "힘내세요", "부 스 니 더 춰不是你的错", "당신 탓

이 아니에요", "쩌 부 스 지에슈这不是结束", "이게 끝이 아닐 거예
요"…

온유, 노트북으로 뭔가를 작성하고 있다.

릴리 삼촌 "당신 탓이 아니에요", "이게 끝이 아닐 거예요"… 이 세상에 있는
온갖 위로의 말은 다 배우고 싶어. 괜찮지 않아? "부 스 니 더 춰", "부
야오 타이 딴 신".

온유, 듣지 못한다.

릴리 삼촌 (온유에게) 요즘 뭐 해?
온유　(돌아보고) 네?
릴리 삼촌 뭘 그렇게 열심히 하는 거냐고. 꼭 시험공부 하는 사람처럼.
온유　(다시 노트북을 보면서) 아니에요, 뭘 좀 정리하느라고…
릴리 삼촌 그러니까 뭘 그렇게 정리하는 거냐고. 내 말은 들어주지도 않고.

릴리 삼촌, 온유 쪽으로 와서 노트북을 본다.

릴리 삼촌 비밀이야?
온유　(노트북을 덮고서) 아니에요!
릴리 삼촌 일기구나, 숨기는 거 보니까.
온유　예, 비슷한 거예요.
릴리 삼촌 (창밖을 보며) 아무리 그래도 너무 손님이 없다. 한 사람은 중국어,

한 사람은 일기. 하지만 곧 회복되겠지? 온유 님, "찌아요우!"

그때 별하가 들어온다. 그 뒤로 이진, 시온.
릴리 삼촌, 어리둥절하다. 온유가 노트북을 뒤로 감춘다.
별하가 릴리 삼촌을 데리고 나간다. 릴리 삼촌, 영문을 모른 채 별하를 따라 나간다.
온유, 노트북을 가지고 도망치려 한다. 시온이 온유를 막는다.

이진   이리 줘. 부탁이야. (사이) 온유 님!

온유, 어쩔 수 없이 노트북을 이진에게 넘긴다.
별하가 들어온다. 이진, 별하에게 노트북을 건넨다. 별하, 노트북을 켜고 파일을 검색한다.

이진   온유 님을 잘 보살펴주려고 애썼는데 잘 안 된 것 같아. (시온에게) 내 잘못이야. 그동안 너무 소홀했어. (온유의 얼굴을 보며) 교복 입고 다니던 때가 엊그제 같은데, 머릿속에 그 모습만 남아 있어서 마냥 어리게만 생각했던 거야. (부드럽게 앉으며) 그래, 이제 성인이니까 여러 가지 복잡하고 혼란스럽고, 그럴 거야, 이해 안 되는 일들도 많고.

별하, USB를 뺀 후 노트북을 온유에게 돌려준다.

별하   언제부터 이런 걸 넘긴 거예요?
온유   여기서 일하기 시작한 후부터요. 나쁜 일을 하고 있다는 걸 알았으니까요.

시온 우린 나쁜 일을 하지 않아.

온유 나쁜 일이에요.

이진 (모두의 동의를 구하며) 우린 좋은 일이라고 믿고 있는데… 나쁜 일이
어떤 걸까?

온유 화훼 마을은 처음에만 아르바이트지 1, 2년 후에는 자기 돈을 전부 가
지고 들어가서 집단생활을 하게 돼 있어요.

시온 사람들은 자기가 가진 전 재산을 투자해서 손바닥만 한 아파트를 구매
해. 그것도 공중에 떠 있는 땅을. 그리고 주민으로, 구민으로, 시민으
로서 집단생활을 하지. 그게 뭐가 다르지?

온유 아파트는 다시 팔면 돈을 돌려받을 수 있어요.

시온 시설에서 나가고 싶다고 하면 입주금은 돌려준다.

온유 전부 다 주는 건 아니잖아요. 그리고 대부분 다른 가게에 다시 투자하
라고 하고! 이 꽃집도 그냥 빌려주는 게 아니라 권리금을 나중에 받는
거잖아요!

시온 꽃집을 운영해서 돈을 벌면 갚고, 그렇지 않으면 기간을 연장해준다.

온유 대신 이자가 붙는 거라고 했어요. 이자 때문에 떠나지 못 하는 사람들
도 많대요. 상상도 못 할 정도로 비싼 오일을 멤버들이 구입하면 스태
프, 매니저들의 배당금이 올라가고. 그리고… 그리고 여자를 파는 일
도 하잖아요! 오일 숍은 알선해주는 곳이고, 곳곳에 퍼져 있는 상담실,
치료실, 수면실… 전부 다 여자를 파는 곳이에요!

시온 잘못 알고 있는 거야. 우리 팀은 불법적인 일을 하지 않아.

온유 다 불법이에요! 확실한 처벌이 안 되는 것뿐이지.

시온 (차분하게 설명하려고 애쓰며) 오일은 절대 구입을 강요하지 않아. 아프

면 약을 구하러 약국에 가고 또 병원에 가는 것처럼 우리 멤버들은 꽃과 오일로 마음과 몸의 상처를 치유해. 서로 소비하고 서로 수익을 올린다. 여자를 팔아? 혹시 직접 물어봤니? 자기 자신을 판 적이 있냐고? 이 일을 하면서 이 사회에서 남들 다 파는 양심을 판 적이 있는가, 내가 살기 위해서 남을 속인 적이 있는가, 내 이득을 위해서 다른 사람을 끌어내린 일이 있는가! 우린 사람들을 치유해주고 사람들은 우리에게 그에 합당한 대가를 지불하는 거야. (사이) 편견에서 벗어나야만 삶을 변화시킬 수 있어. 그걸 아직도 모르겠니?

온유 마음과 몸을 치유해줄 수 있는 평등한 세상, 그건 달콤한 속임수예요. 겉포장이라고요. (사람들을 둘러보며) 지금 내가 말한 것들은 다 멤버들한테 얻은 정보예요.

시온 어디든 불만을 가진 사람들은 있기 마련이야. 그런 사람들 말만 듣고 판단해선 안 돼.

온유 불만을 가진 사람들이 많지 않다는 게 더 문제예요. 몸을 파는 가게에서 일하는 사람들조차. 경찰보다 더 두려운 건 멤버들이죠. 멤버들에게 이 사실을 모두 알릴 거예요. 아무리 숨기려 해도 더는 숨기기 힘들 거예요.

온유가 가방을 들고 나가려 할 때 별하가 막아선다.

시온 그냥 보내주세요.

온유, 나간다.
시온, 의자에 앉는다. 이진이 다가가 시온의 어깨에 손을 얹는다.

시온   갈 데가 없는 아이예요. 하늘 아래 혈육이라고는 저 아이와 나, 둘뿐이에요. 이제 갈 곳이 더 없어졌네요.

이진   멤버들이 온유 님한테 화가 나 있어. 더 이상 화나게 만들면 안 돼.

시온   알아요.

이진   이제까지 모두가 함께 일궈온 결실이야. 이 위기만 극복하면 우리가 꿈꿨던 정원을 만들 수 있어. 하늘 정원! 꿈의 정원이지. 사계절 꽃이 피고, 온갖 향기로 가득한 곳. 그곳은 우리들의 꿈으로 만들어진 섬이고, 아름다운 배처럼 하늘에 떠다니는 정원이야. 우리는 지금 그곳으로 가는 계단을 오르고 있어. (먼 곳을 보며) 다 함께 하늘 정원으로 올라가거나 아니면 다 함께 떨어지거나.

시온   (독백처럼) 다 함께 올라가야죠. 다 함께.

창밖에 오늘 처음 일어나 우는 것처럼 새 한 마리가 울면서 날아간다.

암전.

4. 글 공방 '라운지 카피라이트'와 오일 숍 '시트러스'와 플라워 하우스 '바이허'와 하늘 아래 그네 '클라우드 나인'

글 공방에 희미한 불빛. 모건이 책상에 엎드려 있다. 꿈결에 들리는 소리인가. 여울의 목소리가 동굴에서 나는 소리처럼 울린다. "오빠!" 모건이 잠에서 깨어난다. "여울!" 모건이 여울을 부른다.

여울이 오일 숍에 나타난다. 옷차림, 헤어스타일, 모든 것이 다 바뀌었다.

어딘지 은솔의 모습과 닮은 것 같다. 전보다 훨씬 여유로운 모습. 실내를 돌아보고, 오일이 놓인 테이블로 간다. 오일을 아주 능숙하게 다룬다. 오일 한 방울을 손에 묻혀 귓불에 가져간다. 부드럽게 귓불을 어루만진다. 옆에 누군가 있는 것처럼 행동한다.

글 공방에서 모건이 노트북에 써놓은 글을 읽는다. 마치 독백처럼.

모건   "꿈속에서 여울의 목소리를 들었다. 꿈속에서 마리와 통화를 했다. 마리는 여울이 잘 있다고 했다."

여울   잠이 오질 않아. 며칠째 잠을 못 잤어.

모건   그래… 약은 먹었어?

여울   아니.

모건   약은 꼭 먹어야 해.

여울, 웃는다.

모건   미안해. 데리러 가야 하는데 못 갔어.

여울, 고개를 젓는다.

안쪽에서 마리가 나온다. 먹을 것을 들고 여울에게 다가간다.

마리   조금만 먹어봐.

여울, 고개를 돌린다.

마리, 접시를 테이블에 놓고, 여울의 손을 잡는다.

마리 샤워할까?

여울, 다시 고개를 젓는다.

마리 잠을 자야 하는데.
여울 내가 잠깐 졸았나 봐.
마리 그래?
여울 모건 오빠를 만났어. 오빠가 나를 불렀어.
마리 보고 싶어? 만나러 갈까?

여울, 대답이 없다.

마리 그래, 그럼 가자.
여울 아니. (사이) 나중에. 지금은 아니야. 지금은 만날 수가 없어. 나중에 만
      나러 가. 꼭.
마리 그래.

마리, 여울을 안아준다.

여울 내일부터 수면실에서 일하는 거지?
마리 응. 언니가 밥을 먹고, 잠을 자면.
여울 밥도 먹고, 잠도 잘 거야.
마리 정말?

여울   (고개를 끄덕이며) 일을 해야지.
마리   힘들면 쉬어도 돼. 꼭 내일부터 해야 하는 건 아니야.

여울, 고개를 가로젓는다.

마리   언니가 하고 싶은 대로 하면 돼. 여기가 불편하면 다른 곳으로 갈 수도
       있어. 그럴까?
여울   아니.
마리   우리 여행 갈까?

여울, 대답 없이 뭔가를 생각하는 듯하다.
마리, 그런 여울을 조용히 지켜보다가 안으로 들어간다.
혼자 앉아 있는 여울.

여울   하늘이 보고 싶어.
마리   하늘?
여울   하늘. (사이) 하늘 아래 그네에서. 하늘을 보고 싶어.

모건이 다시 노트북에 쓴 글을 읽는다.

모건   "플라워 하우스. 오일 숍. 릴리 삼촌. 온유… 그리고 하늘 아래 그네…"

여울이 일어난다. 오일 숍에서 나와 플라워 하우스로 들어간다. 마치 꿈
속을 걷는 것 같다. 플라워 하우스에는 릴리 삼촌, 하늘 아래 그네에는 온

유가 나타난다. 릴리 삼촌이 여울을 반갑게 맞는다. 온유가 그네 옆에 서서 아래를 내려다본다.

릴리 삼촌 여울 님! 너무 아름다워요!
마리 그렇죠? 너무 아름답죠?

글 공방에서 모건이 여울을 바라보고 있다. 온유가 노래를 부른다.

모건 (마리에게) 약은 꼭 먹여야 해.
마리 (고개를 흔들며) 아무것도 안 먹으려고 해요.

모건, 다시 노트북을 보면서 독백처럼.

모건 "나는 꿈속에서도 여울에게 다가가지 못한다. 나는 여울에게 다가갈 길을 잃었다. 나의 글도 길을 잃은 것 같다."

모건, 썼던 글을 모두 지운다.
여울, 플라워 하우스를 지나 하늘 아래 그네로 향한다. 먹구름이 몰려오고, 멀리서 천둥소리.

릴리 삼촌 (창밖을 보고) 태풍이 올 것 같아. (여울을 보고) 우산을 가져가야지!

여울, 못 들었는지 그냥 올라간다. 마리, 플라워 하우스로 가서 릴리 삼촌이 건네주는 비닐우산을 받는다. 천둥소리. 폭우가 쏟아지기 시작한다. 마리가 우산을 편다.

여울, 그네에 앉아 하늘을 올려다본다.

여울   파란 하늘이 눈부셔.

모건, 노트북에서 동영상을 찾아서 켠다.

모건   예전에 숲에 갔을 때 찍은 동영상 찾았어!
여울   그래?
모건   보고 싶다고 했잖아.
여울   그래. 그때 봤던 하늘이 보고 싶었어. 파란 하늘.

모건, 동영상을 본다.

모건   파란 하늘이야. 구름 한 점 없어.
여울   나뭇잎 떠는소리도 듣고 싶었어. 들려?
모건   들려. 은사시나무.

여울, 웃는다. 모건도 웃는다.

잠시 후 그네 위로 올라가서 줄을 잡는 여울. 잠깐 그네의 줄을 만져보다
가 그 줄로 목을 감아본다. 줄을 풀고 정면을 바라보는 여울.

여울   눈부셔.

여울, 다시 그넷줄에 목을 감는다. 잠시 후 발을 앞으로 내디딘다. 여울의
몸이 공중에 매달려 흔들린다.

천둥소리. 온유의 비명.

마리, 그네로 가서 여울을 발견하고 멈추어 선다. 우산이 바닥을 구른다.

다시 천둥소리. 먹구름이 낮게 내려앉아 밤처럼 어둡다.

모건, 작은 목소리로 여울을 불러본다.

암전.

5.

1. 글 공방 '라운지 카피라이트'

2개월 후. 초겨울. 갑자기 추워진 날 오후. 더욱더 썰렁해진 글 공방.
모건이 들어온다. 커피잔을 들고 창가로 가서 밖을 바라본다.
잠시 후 자리에 앉아 노트북을 켜는 모건. 원고를 읽는다.
그때 별하가 들어온다.

별하   방해한 건가?
모건   아니.

모건, 자리를 권한다.

모건   커피?
별하   아니, 괜찮아.

두 사람, 잠시 그렇게 앉아 있다.

별하   부탁이 있어서 왔어.

별하, 가방에서 파우치를 꺼내 모건 앞에 놓는다.

별하 혹시 은솔이 오면 전해줄 수 있을까 해서.
모건 뭔데?
별하 통장이야.

모건, 파우치를 열어 확인한다.

별하 이 돈이면 생활하는 데 불편은 없을 거야. (사이) 난 외국 대학 알아보
     고 있어.
모건 그럼…
별하 음. (씁쓸하게 웃으며) 다 정리했어, 팀도 학교도.
모건 그래. (사이) 잘됐네.
별하 그냥 공부만 하고 싶어. (사이) 가능하지 않을까… 여기하고 다르게.
     아닐 수도 있겠지만.
모건 공부해서 그다음에 뭘 할 건데?
별하 학생들 가르치고… 연구하고. 꼭 교수가 아니더라도.

사이.

별하 사람들한테 이로운 일을 하고 싶어.

모건, 별하를 쳐다본다.
사이.

별하 정말 이로운 일.

모건, 고개를 끄덕인다.
별하, 일어난다.

별하   미안해.

모건, 별하를 바라본다.

별하   (나가다 돌아서서) 여울 씨 일은 정말 안됐어.

모건, 고개를 끄덕인다.
별하, 나간다.
모건, 파우치를 서랍에 넣고, 다시 노트북을 본다. 여울의 동영상인지, 여울의 목소리가 들리는 것 같다.
글 공방이 조금 어두워지면서 플라워 하우스에 불이 들어온다.

2. 플라워 하우스 '바이허'

여기저기 짐이 흩어져 있는 플라워 하우스. 릴리 삼촌이 강연을 듣고 있다. 그 앞에 마리. 옷차림이 바뀌었다. 처음 이 가게에 왔을 때와 같은 평범한 옷차림.
강의 주제 - 미래 사회의 환경.

영상 속 강연자의 목소리 대멸종. 지구에는 다섯 번의 대멸종이 있었다고 합니다. 마지막 대멸종은 6,600만 년 전에 있었고요. 원인은 운석의 충돌, 기후 변화, 해수면의 변화. 지난 백 년 동안 인류는 지구의 온도를 0.74도 높여 놓았습니다. 남극에 돋아난 풀, 멸종 위기에 놓인 북극곰, 허리케인, 가뭄, 태풍, 폭염, 폭우, 폭설… 기상 이변에도 이제 면역이 생겨서 견딜 만 한가요? 그럼, 사스, 메르스, 아프리카 돼지 열병, 코로나바이러스, 페스트… 어떤가요? 과연 여섯 번째 지구의 대멸종은 6,600만 년 후에나 올까요? 2200년이 되면 지구 대기의 이산화탄소 농도가 900ppm이 될 거라고 합니다. 대멸종 시기 지구 대기의 이산화탄소 농도는 1,000ppm 정도였습니다. 지구 생명체의 멸종은 이미 빠른 속도로 진행되고 있습니다. "우리가 지구의 입장을 대변해 주지 않는다면 과연 누가 그렇게 해주겠는가?" 천체물리학자 칼 세이건의 말입니다. 그의 저서 『코스모스』는 우주의 신비에 대해 알려주는 과학 서적이면서 지구의 종말을 경고하는 계시록이기도 합니다. (사이) 우리가 꿈꾸는 환경은 당연히 '공중 정원'과 같은 것입니다. 사계절 꽃이 피어나고, 사계절 바람이 불어오는 땅, 충분한 물과 먹을 것을 공급해 주는 땅. 신바빌로니아의 네부카드네자르 2세가 왕비 아미티스를 위해 만든 '공중 정원'. 우리의 '하늘 정원'은 그런 곳입니다. 우리는 '하늘 정원'에서 모두가 아미티스 왕비처럼 살아갈 수 있습니다. 단, 그것은 우리 스스로가 우리의 땅과 우리의 하늘, 우리의 '하늘 정원'을 대변해줄 수 있을 때 가능합니다. 평등주의의 가치는 생태주의의 가치와 맥락을 같이 합니다. 우리는 이러한 가치를 여러분들과 함께 나누려 합니다.

강의 영상이 끝나고, 두 사람 잠시 침묵.

마리 온유 님, 연락 없어요?

릴리 삼촌 아직요.

마리 3개월이 넘었는데…

릴리 삼촌 잘 있겠죠. 잘 지내고 있을 거예요.

    릴리 삼촌, 가게를 정리하는 듯하다.

릴리 삼촌 이진 님이 온유 님 일로 아직 조사를 받고 있다던데…

마리 네. 이진 님이 관여된 거로 생각하나 봐요, 경찰에서. 온유 님 행방을
      알 수 없으니까.

릴리 삼촌 설마. 곧 풀려나지 않겠어요? 모두가 찾고 있으니까 온유 님도 곧
      돌아올 거고.

마리 네. 그럴 거예요.

릴리 삼촌 모든 게 다 잘 될 거예요.

마리 잘 될 거예요.

    마리, 말린 꽃잎을 병에 담는다.

릴리 삼촌 마리 님은 원래 일하시던 팀으로 가신 거죠? 일은… 많이 힘드세
      요?

마리 아뇨, 원래 하던 일이니까요. 릴리 님도 다른 곳으로 옮기신다면서요.

릴리 삼촌 교육을 맡게 됐어요.

마리 스태프가 되신 거네요.

릴리 삼촌 저한텐 과분하죠.

마리　잘 하실 것 같아요. 릴리 님처럼 사람들한테 신뢰를 줄 수 있는 스태프
　　　가 필요하죠.

릴리 삼촌 저보다야 별하 님이 적격이었죠. 정말 도움 많이 받았는데…

마리　그럼, 여긴…

릴리 삼촌 의료기기 전문점.

　　　마리, 실내를 다시 둘러본다.

마리　모건 님은?

　　　릴리 삼촌, 대답이 없다.
　　　창밖에 바람 소리. 마리, 밖을 내려다본다. 깨질 것 같은 겨울 날씨. 마리,
　　　우는 것 같다. 릴리 삼촌, 마리에게 다가가 안아준다.

릴리 삼촌 괜찮아요. 괜찮아요. 괜찮아요. "부 스 니 더 춰", "쩌 부 스 지에슈"
　　　"당신 탓이 아니에요", "이게 끝이 아닐 거예요"…

마리　모두 다 떠났어요. 모두 다.

릴리 삼촌 그래요. 떠났어요.

마리　하지만 난 떠날 수 없어요. 여기가 제일 안전해요. 밖은 위험해요.

릴리 삼촌 그럼요. 여기보다 안전한 곳은 없어요. 곧 좋은 사람들을 만날 거예
　　　요. 함께 일을 하고, 돈을 벌어야죠!

마리　(웃으며) 돈을 벌어야죠. 맞아요.

릴리 삼촌 벌어야죠. 살아가려면 벌어야죠.

창문으로 기울어진 빛이 들어온다.
마리, 창문 쪽으로 가서 석양을 바라본다.

마리   겨울 해가 지네요.

릴리 삼촌, 정리한 짐들을 들고 나간다.
마리, 그대로 앉아 있다.
글 공방, 하늘 아래 그네, 두 곳이 서서히 밝아진다.

3. 글 공방 '라운지 카피라이트'와 플라워 하우스 '바이허'와 하늘 아래 그네
                              '클라우드 나인'

글 공방 책상에 모건이 앉아 있다.
하늘 아래 그네에 여울이 나타난다.
플라워 하우스에서 마리, 여울을 바라본다.
그네에 앉는 여울. 겨울인데 여름옷을 입고 있다. 가방을 들고, 모자를 쓰
고. 잠시 하늘을 올려다보다가 모자를 벗는다.
모건이 여울을 쳐다본다.

모건   어디로 갈 건데?
여울   (웃으며) 음… 하늘 정원.
모건   그게 어디 있는데?

여울, 웃으며 고개를 가로젓는다.

모건   미안해.

여울, 모건을 바라보는 것 같다.

모건   보내지 말았어야 했어, 그때. 그런데 그렇게 못 했어.

여울, 고개를 가로젓는다.
모건이 마치 책을 읽는 것처럼 말한다.

모건   겨울이 왔지만 나는 단 한 줄도 못 쓰고 있다. 여울은 매일 나를 찾아
        오고, 나는 여울에게 매일 미안하다고 말한다. 예전 그대로의 모습이
        지만 웃음이 많아졌다. 아마 겨울이기 때문에 그런 것 같다. 여울은 겨
        울을 좋아했다.
여울   글, 많이 썼어?
모건   아니. 난 재능이 없어.
여울   오빠는 뭐든 잘하잖아. 멋진 글을 쓸 거야.
모건   이야기가 시시해.
여울   그래도 써야지. 꼭 들려줘야 해?
모건   그래.

플라워 하우스에서 마리, 가볍게 웃고 있다.

마리   (여울을 보고) 오빠 이야기를 모두 지우고 싶어. 그러면 오빠가 나를 보
      고 웃을 것 같아.

      모건, 원고 뭉치를 쳐다본다.

모건   그대로야. 여름 이후로.
여울   (자기 옷을 보고) 지금 여름인데…?
마리   그래, 여름이야, 언니. 여름에 언니는 정말 예뻐.
여울   마리도. 예뻐.

      마리, 플라워 하우스에서 하늘 아래 그네로 간다.
      여울에게 다가간 마리, 여울의 입술에 가볍게 키스한다. 여울이 다시 마
      리의 입술에 키스한다.

마리   오빠 이야기가 다 끝나고 나면 우리, 함께 지낼 수 있을까?
여울   응.
마리   정말?
여울   응. 그럼 좋겠다.
마리   아마 꿈같을 거야.
여울   그래. 그럴 거야.

      마리, 여울의 무릎에 얼굴을 묻고 눈물을 흘린다. 여울, 마리의 등을 토닥
      이며 달래준다.
      모건, 노트북을 바라보며 읊조린다.

모건   기다린다. 그리고 꿈을 꾼다. 조용히 기다리며 내 목소리를 듣는 꿈을 꾼다. 꿈속에서 나는 도망치지 않는다. 그리고 모든 것을 정면으로 바라본다. 나의 과거와 현재, 생명과 그 숨결, 시간과 변화와 죽음과 흔적, 그리고… 그리고 하늘에서 쏟아지는 빛을 정면으로 바라볼 수 있다. 그 꿈속에서 나는, 내 목소리를 옮겨 적는다.

모건, 노트북을 열고 잠시 자판을 바라보다가 습관처럼 무심히 문장을 입력한다. 스크린에 문장이 나타난다.

"하늘 정원.
  1. 스터디 룸 '스테어웨이Stairway'
  길 잃은 젊은이들이 도시를 배회한다.
  욕망이 꿈틀대는 이 도시에서 그들은 오늘도 길을 찾는다.
  열기가 사라진 도시.
  가끔 광기에 휩쓸린 젊은이들이 도시 위를 떠다니는 섬으로 몰려든다."

모건의 손길이 멎는다. 한동안 움직임이 없다. 이마저도 익숙해진 습관인 듯하다.
모건이 고개를 들면 파란 하늘에 새 한 마리가 날아간다. 힘 있는 날갯짓. 높이 날아오른다. 여울과 마리, 새를 바라보는 것 같다.

암전.

끝.

2020

애올다리 위로는

해원解寃극

초연 - 〈귀신이 곡할 노릇〉

2020. 10.30 - 11.4
소극장 핫도그. 대전
극단 유랑선, 대전 지역 4개 극단 (금강/ 놀자/ 마당/ 토끼가 사는 달) 연합

등장인물

사람들   하늘이

하늘이 아빠

유성이

이장

젊은 부인

할머니

경찰

청년

혼령들   하늘이 엄마

라이더

집사

학생

꼬마

유성이 할머니

유성이 엄마

유성이 할머니와 유성이 엄마는 일인이역

프롤로그

물속. 생명의 느린 움직임.

희미한 빛이 새어 드는 위쪽에 강 표면. 거꾸로 그림자가 둘, 아니 셋. 두런두런 말소리.

바람의 흐름이 바뀌는 시간.

교각 사이에 숨어 있던 불꽃들이 춤을 춘다. 물속으로, 물 밖으로.

다리 위로는 하늘이 진홍을 머금고 깊게 펼쳐져 있다.

1.

배꽃이 흐드러지게 핀 계절.
유유히 흐르는 강물. 좌우로 놓인 다리. 어둠이 내려앉았다.
강물이 찰랑거리는 소리.
여기저기 강 주변에 혼령들이 떠다닌다.
강가의 벤치. 기이한 소리와 함께 벤치 뒤쪽으로 뭔가 빠르게 지나간다.
푸른 빛.
잠시 정적.
젊은 부인이 테니스 라켓을 들고 벤치 쪽으로 온다.

젊은 부인 아이, 시원해! (강바람을 몸에 안으며) 바람! 음, 상쾌해!

　　　뒤따라 이장이 들어온다.

이장　어휴, 숨차! 못 쫓아가겠네. (젊은 부인을 힐끗 보며) 날래기도 하시지.
젊은 부인 벌써 6개월째니까요, 저녁 운동 시작한 지. 어머! 저도 모르게 빨라
　　　졌나 봐요! (웃음) 힘드세요?
이장　아니에요. 이 정도는 아무 것도 아니죠. 운동을 안 해서 그렇지, 조금
　　　만 하면 금방 따라갈 거예요.
젊은 부인 부인도 같이 하시면 좋을 텐데.
이장　아이고, 아니에요.
젊은 부인 처음엔 힘들지만 점점 몸이 가벼워질 거예요. 부인하고 함께 가입

하세요, 테니스 동호회.

이장 아니에요, 그 사람은 꼼지락하면 일 나요. 테니스는 무슨… 송장 칠 일
     있나요? 그 사람 몫까지 내가 대신 하면 돼요.

젊은 부인 오늘은 첫날이니까 가볍게 기본기만 연습하세요. 코치님이 잘 지도
     해 주실 거예요.

이장 예? 반장님한테 배우는 게 아니고요?

젊은 부인 저는 그냥 반장이고요, 운동은 전문가한테 제대로 배우셔야죠.

이장 아, 난 또 처음이니까, 반장님한테 배우고 나중에 본격적으로 배우는
     줄 알았죠.

젊은 부인 운동은 기초가 중요하잖아요.

이장 아, 그렇죠.

     그때 알 수 없는 소리와 함께 주위가 더 어두워진다.
     두 사람 뒤로 다시 푸른 빛이 지나간다. 한기를 느끼는 두 사람.

이장 땀이 식으니까 그런가, 쌀쌀하네요?

젊은 부인 그러게요. 금방 기온이 떨어지는 것 같아요.

     푸른 빛, 반대쪽으로 사라진다.
     사이.

이장 보기하곤 참 다르시네요.

젊은 부인 음?

이장 처음에 가게에 왔을 때는 말도 못 붙이게 쌀쌀맞더니만.

젊은 부인 제가 그랬어요?

이장　그럼요. 저만 그런 것이 아니고, 동네 사람들이 다 그랬는데. 싸늘하다고.

젊은 부인 그랬었구나.

이장　그런데 알고 보니까 잘 웃고, 싹싹하고, 동네 어른들한테도 잘 하고.

젊은 부인 그래야죠, 모두 이웃인데요. 다 이장님 덕분이에요.

이장　제가 뭘…

젊은 부인 이장님이 저한테 잘해주시니까 동네 분들도 친절하게 대해 주시는 거죠. 동네 유지신데.

이장　아이, 유지는 무슨…

젊은 부인 (갑자기) 세컨드라고들 그러죠, 저보고?

이장　예? (당황하여) 아, 아니에요.

젊은 부인 외지에서 들어와 이런 데 여자 혼자 사는 여자, 이상하잖아요, 동네 사람들 보기에. (웃으며) 괜찮아요. 요렇게 작은 동네에 비밀이 어디 있어요. 그리고 이젠 아니에요.

이장　예?

젊은 부인 이젠 아니지만, 사람들이 뭐라고 하든 상관 없어요. (강 쪽을 보고) 아, 아름다워! (핸드폰을 보고) 어머나, 늦겠어요, 어서 가요.

이장　예, 예.

젊은 부인, 나가고, 이장이 따라 나가려 하는데, 기이한 소리가 다시 한번 들린다. 이장, 멈춰서서 주위를 둘러본다. 뭔가 이상한 기운.

그때 하늘이와 하늘이 아빠, 반대편에서 등장.

하늘이 아빠, 강을 바라본다. 하늘이, 벤치에 앉아 이어폰으로 음악을 들으면서 간간이 따라부른다.

이장, 두 사람을 유심히 바라본다.

이장   저기, 형님 아니세요, 샘골?

하늘이 아빠   (돌아보고) 어, 자네…

이장   여기 어쩐 일로…

하늘이 아빠   아, 그냥 좀… 잘 지냈는가?

이장   예.

하늘이 아빠   어르신들 다 무고하시고?

이장   예, 그럼요. (하늘이를 보고) 얘가…

하늘이 아빠   어, 하늘이. 우리 딸.

이장   (머뭇거리며) 예, 아이고, 저기 뭐냐, 많이 컸네.

계속 음악을 듣고 있는 하늘이.

이장   오랜만에 뵙네요. 송촌리 저기 뭐냐, 작은 할아버지 돌아가셨을 때 뵙
         고 처음인 것 같네요.

하늘이 아빠   그러네. 잘 되지?

이장   뭐 그냥 그렇죠, 뭐, 잘 되고 말고 할 게 있나요. (하늘이를 보고) 많이
         컸구나, 어렸을 때 봐서… 잘 모르겠다. 아저씨 모르겠지?

반응이 없다.

이장   우리 큰 애 보다 원가? 열일곱인데.

하늘이 아빠   올해 열여덟.

하늘이   열일곱!

이장   (하늘이 아빠를 한번 보고) 그래?

하늘이   열일곱!

이장   아, 그렇구나.

　　　두 사람, 서먹하다.

이장   (젊은 부인이 나간 쪽을 보고) 저, 그럼 가볼게요.

하늘이 아빠   그래. 또 보자고. 살펴 가.

이장   예. 가게 한번 들르세요.

　　　이장, 급히 나간다.

　　　하늘이, 벤치에서 일어나 한쪽으로 가서 치마를 올리고 속옷을 내리려 한
　　　다. 하늘이 아빠, 조용히 다가가서 하늘이 팔을 붙잡고 주위를 둘러보다
　　　가 뒤쪽으로 데리고 간다.

　　　바람 소리.

　　　하늘이 아빠, 계속 강 쪽을 바라본다.

하늘이 (소리)   쉬이, 공격! 오줌 타고 떠내려간다. 개미들, 가라 가라! 내 오줌
　　　맛 좀 볼래!

　　　하늘이 아빠, 물끄러미 뒤쪽을 바라보다가 벤치에 앉는다.

　　　경찰이 슬그머니 들어와서 하늘이 쪽을 몰래 훔쳐본다.

하늘이 아빠, 경찰을 발견한다.

하늘이 (소리) 저리 가라! 오지 마, 너도 오지 마, 너도 너도! 저리 가라니까!

경찰, 하늘이 쪽으로 다가가서 자세히 보려 한다.
하늘이 아빠, 일어나서 경찰 쪽으로 걸어간다. 덤덤하게 경찰의 멱살을 잡
아 하늘이 쪽으로 끌고 가는 하늘이 아빠.

경찰 (끌려나가며) 어, 왜 이러세요, 아저씨! 왜, 이거 놓고… 아저씨!

하늘이, 소리치며 벤치 쪽으로 나온다.
하늘이 아빠, 경찰 얼굴을 오줌에 처박는다.

하늘이 아빠 봐라, 실컷 봐! 더 봐, 더, 더!
경찰 윽!

경찰, 엎어져서 신음한다.
그때 기이한 소리와 함께 어두운 곳에 불꽃이 하나둘씩 등장. 라이더의 혼
령, 집사의 혼령 그리고 반대편에 학생의 혼령.
살아 있는 사람들 눈에는 이들이 보이지 않는다.

하늘이 아빠 (경찰을 끌고 나오며) 어이구, 왜 거기 엎어져서 그런대? 얼굴이
엉망이 됐네.

하늘이 아빠가 경찰의 얼굴을 닦아주려 하자 경찰, 저만큼 도망친다. 얼굴은 흙투성이.

하늘이 아빠   이리 와 봐.
경찰   (물러서며) 으악!
하늘이 아빠   아니, 귀신을 봤나, 왜 그렇게 놀란대?

혼령들, 몸을 굽힌다.
학생, 경찰의 얼굴을 보고 놀라서 비명을 지른다. 집사가 재빨리 학생을 끌고 간다.

경찰   아저씨! 공무집행 방해에다 상해죄…

하늘이 아빠, 다시 경찰의 멱살을 잡고 끌고 간다.

경찰   어, 왜 이래요, 왜 이래! 잠깐, 잠깐…

하늘이 아빠, 다시 경찰의 얼굴을 바닥에 짓이긴다.
경찰의 비명, 그리고 신음.
잠시 후 하늘이 아빠, 옷을 털며 나온다.

하늘이   저 아저씨 왜 저래?
하늘이 아빠   못 볼 걸 봤나 보다.
하늘이   못 볼 게 뭔데?

하늘이 아빠 글쎄, 귀신같은 거?

　　　혼령들, 다시 몸을 숙인다.
　　　경찰, 비틀거리며 걸어온다. 얼굴이 훨씬 더 엉망이다.
　　　학생, 경찰의 얼굴을 보고 다시 비명. 집사, 학생의 입을 막는다.

하늘이 아빠 (경찰에게) 나 참, 이상한 사람이네. 왜 거기 가서 자꾸 엎어진대?
　　　　　 귀신한테 홀렸나?

　　　경찰, 도망친다.

하늘이 아빠 (혼잣말로) 죽일 놈들…

　　　혼령들, 하늘이를 유심히 바라본다.
　　　하늘이 아빠, 힘없이 벤치에 걸터앉는다. 하늘이, 따라 앉는다. 하늘이 아
　　　빠, 습관처럼 눈을 감고 기도하듯 중얼거린다.

하늘이 아빠 하늘이 엄마… 하늘이 엄마… 하늘이 엄마…
라이더 쟤야, 쟤!
집사　 (하늘이 앞에 가서) 얘가 죽는다고요?
라이더 (집사를 끌고 와서) 그렇다니까. 어제부터 쭉 지켜봤다고. 이번엔 틀림
　　　　없이 쟤야. 얼굴에 써 있잖아. "얼마 안 남았어요".
하늘이 (아빠에게 손을 내밀며) 빵.
하늘이 아빠 그래.

가방에서 빵을 꺼내 하늘이에게 건넨다.

집사 멀쩡한데요?
라이더 그러니까 집사는 아직 멀었다는 거야. (주위를 살피며) 틀림없이 누군
　　　가 저 아이를 끌어당기고 있어.

　　　하늘이, 빵을 먹는다.
　　　학생, 멍하니 하늘이를 바라보고 서 있다.

라이더 (집사에게) 이봐, 쟤 좀 어떻게 해봐.

　　　집사가 학생을 끌고 온다.

라이더 (학생에게) 정신 차려! 귀신이 넋을 잃으면 산 사람한테 들켜, 알았어?

　　　고개를 끄덕이는 학생.

하늘이 아빠 (하늘이에게) 가자.

　　　고개를 끄덕이며 계속 빵을 먹는 하늘이. 하늘이 아빠, 그 모습을 물끄러
　　　미 바라본다.

하늘이 아빠 (혼잣말로) 하늘이 엄마. 꿈에 오라고 했잖아, 여기로. (주위를 둘

러보고) 이 동네 맞는데… 느티나무, 공원, 저쪽으로 가면 파출소, 그
리고 저기 다리가 보이고… (일어나서 다리를 바라보며) 분명히 저 다리
였어.

하늘이, 빵을 다 먹고 배를 쓰다듬는다.

하늘이 아빠 (혼잣말로) 오라고 해놓고, 당신은 왜 안 오는 거야…

어둠이 짙게 깔린다.
벌레 소리.

하늘이 아빠 (하늘이를 보고) 다 먹었니?
하늘이 응.
하늘이 아빠 가자.

하늘이 아빠, 하늘이를 앞세우고 나간다.
사람들 사라지고, 긴장을 푸는 혼령들.

집사 대장! 도대체 누가 저 아이를…
라이더 내가 어떻게 알아!
학생 물귀신이 끌어당기는 거예요!
라이더 널 포함해서 여긴 다 물귀신이잖아.
집사 (강가 덤불 쪽을 살피며) 대장! 뭔가 이상해요.
라이더 뭐가?

집사   이상한 기운이…

라이더 넌 항상 이상한 기운을 느끼잖아.

집사   아니, 이번에는 정말 이상해요. 우리 말고 다른 귀신이 있는 것 같아
        요.

라이더 그러니까 저 아이를 잡아당기지. 여기 있는 귀신들한테 다 물어봤는
        데, 다 아니라잖아. 그리고 아무리 숨기려 해도 알 수 있어. 드러나게
        돼 있다고. 사람을 끌어당기기 전에 귀신은 변한다. 누에처럼 틀어박
        혀서 휑한 눈으로 허공을 바라보지. 가끔 이상한 소리를 내면서. (사
        이) 그런데 강 주변을 아무리 뒤져봐도 그런 귀신은 없잖아. (주위를 살
        피며 은밀하게) 하지만 분명히 있어. (은밀하게) 다른 곳에서 온 거야.

집사   다른 곳?

라이더 그래, 다른 곳.

집사   (조심스럽게) 어디서 온 걸까요?

        그때 이상한 소리.
        혼령들, 긴장한다.

학생   (뒤에 숨으며) 무서워요!

라이더 야! 너 귀신이야, 귀신! 알았어? 귀신이 뭐가 무서워!

학생   그래도 무서워요!

라이더 집사, 얘는 어디서 온 거야?

집사   남한강 타고 내려온 것 같습니다.

라이더 거기서 죽었는데 왜 이리로 왔어?

학생   거기 공사해요.

라이더 여기도 했어!

학생 거기가 더 무서워요.

라이더 언제 죽었는데?

학생 한 달 전에요.

　　　라이더, 학생에게 다가가 어깨에 손을 얹는다.

라이더 잘 들어! 넌 귀신이야. 알았어?

학생 (끄덕이며) 네.

라이더 엄마 보고 싶어도 어쩔 수 없어. 알았어?

학생 (울먹이며) 네.

　　　라이더, 학생이 안쓰럽다.

라이더 힘들겠지만 이제부터 여기 적응해야 해. 알겠니?

학생 (작은 소리로) 네.

라이더 하지만 절망하지 말아라. 이 어두운 세계에서 벗어날 수도 있으니까.

학생 그럼 다시 살아날 수 있는 건가요?

라이더 아니. 그건 불가능하지. 하지만 지금보다 훨씬 나은 존재로 거듭날 수
　　　있다는 거지.

　　　라이더, 먼 하늘을 바라본다. 학생, 울음을 그치고, 라이더의 말에 귀를 기
　　　울인다.

라이더 사람 변하는 거 쉽지 않다. 하지만 죽을 고비를 넘기거나 죽음보다 더
한 고통을 겪고 나면, 또는 죽기 전에, 사람은 변한다. 그와 마찬가지
로 (웅변처럼) 귀신도 변한다!

학생 어떻게요?

라이더 변화하기 위해 긍정적으로 노력하면 변할 수 있어!

집사 아멘!

라이더 (집사를 가리키며) 그래, 쟤도 변했어. 쟤, 중앙선 넘어온 트럭 피하다
강물에 빠졌거든. 내가 똑똑히 기억해, 그때는 백미러에 염주가 걸려
있었다니까. 그런데 지금, 쟤 봐!

학생, 집사의 목에 걸린 십자가를 바라본다.

집사 (학생에게) 그래, 주님이 너를 불렀으니 이제 두려워하지 말고, 삶의 주
인이신 하나님께 의지하도록 하자.

라이더 (집사에게서 학생을 떼어내며) 하지만 저 정도의 변화는 아무것도 아니
야. 변화를 통해 차원이 다른 세계로 진입하는 거지!

학생 차원이 다른 세계?

라이더 자세한 얘긴 나중에 하자, 차차 알게 될 거야. 그러니 지금은 현실을
받아들이고, 마음을 잘 다스리는 것이 무엇보다 중요하다. 무엇보다
도 산 사람들에게 해를 입히는 귀신이 되지는 말아야지.

학생, 라이더의 말에 집중한다.

라이더 (강물을 바라보며) 제명에 죽은 귀신들은 별문제가 없어. 억울하게 죽

은 원혼이 문제지. (학생 귀에 대고) 비명횡사한 귀신, 궁지에 몰려서, 힘에 짓눌려서, 세상에 속고, 배신당하고, 버림받은 후 스스로 목숨을 끊은 귀신들! 그런 귀신들이 그 원한으로 산 사람을 잡아당기는 거지. 여기도 그런 귀신들이 없지 않아. 그런 면에서 넌 운이 좋은 거야! 우리처럼 긍정적으로 변하고자 노력하는 귀신을 만났으니까.

그때 들려오는 음악 소리. SP 복각판 사운드처럼 들린다.

라이더   누가 요즘 이런 노래를 듣지?

음악과 함께 썰매를 타고 나타나는 꼬마의 혼령.

꼬마   야!

귀신들 소스라치게 놀란다.

꼬마   너희들 나만 빼놓고 니들끼리 놀아?
집사   그 꼬마 귀신이에요!
라이더   저 물귀신, 또 따라왔어. 도망가자!
꼬마   도망치면 못 잡을 줄 알고?
라이더   난 쟤가 제일 무서워.

혼령들, 도망친다.

꼬마   야! 너희들 거기 안 서! 야!

따라가다 말고 멈춰서는 꼬마. 주머니를 뒤져 폭음탄을 꺼내서 불을 붙여 던진다. '펑'.

꼬마   야, 잡히면 가만 안 둘 거야!

꼬마, 세 혼령의 뒤를 쫓는다.

암전.

2.

다음날. 같은 장소.
경찰, 이장, 할머니.

경찰   (이장에게) 그러니까 신원리 사람이라는 거죠?
이장   수요일이면 맞아.
경찰   고등학생 정도 되는 딸 데리고.
이장   맞아, 그날 만났다니까, 여기서.

할머니, 벤치에 앉아 먼 곳을 바라보고 있다.

이장   그래서 자네 얘기인 즉슨, 그 형님이 자네 얼굴을 그 모양으로 만들어
        놨다, 그거잖아?
경찰   그렇다니까요.

자세히 보니 경찰의 얼굴이 많이 망가졌다.

이장   증인은?
경찰   아이, 그 사람밖에 없었다니까요.
이장   증거는?
경찰   아, 그 사람 밖에 없었는데 그럼, 귀신이 이랬겠어요?
이장   그럴 수도 있지.

경찰 예?

이장 귀신 맞다.

경찰 이장님!

이장 그 형님은 남한테 해코지할 양반이 아니야. 신원리 가 물어 봐. 아니면 면에 가서 물어 봐라, 군청에 가든지.

경찰 아니, 저기…

이장 인정 많고, 순하고, 화도 잘 안 내는 양반이야. 그런 사람을 일반적으로 뭐라고 그러냐?

경찰 법 없이도 살 사람.

이장 그렇다니까.

경찰 (답답해서) 아!

이장 동네 궂은일 다 하고, 그러면서도 이장 자리는 그냥 내놨어, 사람들이 말렸는데도. 아, 군청에 가 물어봐, 도청에 가든지. (경찰을 달래서 앉히며) 그리고, 좀… 저기 뭐냐, 일이 좀 있었어요.

경찰 뭔 일이요?

이장 자네 오기 전인데, 작년 이맘때 쯤 사고를 당했어.

경찰 그 사람이요?

이장 아니, 그 딸 아이가. 작년에, 그러니까 저기, 배밭에서 저기 뭐냐, 겁탈을 당했다니까.

경찰 누구한테요?

이장 공사장에서 일하던 인분데, 용담리 사는, 나중에 알고 봤더니 천하에 몹쓸 놈이더라고. 옆집 어린애들이고 뭐고 수태 건드리고 다닌 모양이야. 아, 그런데도 용담리 사람들이 그놈 봐달라고 탄원서를 내고 그랬대요, 불쌍하다고, 아버지 없이 자라서. 아무튼 그놈은 결국 감옥 갔는데, 아, 그러면 뭐 하냐고, 애가 그 모양이 됐는데? 아주 흉측하게 당했대. 애가 좀 이상해졌다고 그러던데, 그날 보니까 난 잘 모르겠더라고?

경찰 저도요.

이장 그렇지? (사이) 그러니까 그 부모 마음이, 마음이 아닐 거 아냐. 괜히 건들지 말아.

경찰 아니, 그래도 날 끌고 가서…

이장 (달래며) 알아, 알아. 답답하겠지, 그래도 그냥 넘어가, 응? 귀신이 그런 거니까.

경찰 (머릴 쥐어 뜯으며) 아!

할머니 그래, 그래야지. 어쩌겠어, 산 사람은 살아야지.

경찰 (더 뜯으며) 아!

이장 (할머니에게) 이제, 그만 들어가셔요, 바람 불어요!

할머니 우리 상수 오면 같이 갈라고.

이장 (웃으며) 아니, 상수가 누군데요?

할머니 큰손주.

이장 아주머니 큰손주는 새봄이, 상수는 아주머니 큰아들!

할머니 응?

이장 상수, 중수, 하수는 아들! 새봄이, 늘봄이, 또봄이는 손주!

할머니 맞어, 상수가 아직 안 왔다니까.

이장 (시계를 보고 혼잣말로) 오늘은 안 올라나 보네. (경찰에게) 그럼 나는 가네. (나가다가) 그런데 자네 왜 이 근처에서 뱅뱅 돌고 그러는가.

경찰 이맘때 되면 다리에서 사람 떨어진다고 지키래요. 언제 떨어질 지도 모르는데.

이장 배꽃 질 때 되면 꼭 한 사람씩 끌려 들어가지. 사고 나서 빠지고, 홧김
     에 빠지고, 술 취해서 빠지고, 맨정신에도 빠지고… 물귀신 못 당하지.

     배밭에 새를 쫓는 종소리, 요란하게 울린다.
     혼령들 등장.

경찰 정말 해마다 한 사람씩 빠져 죽어요?
이장 그렇다니까.
경찰 두 사람도 아니고 꼭 한 사람?
이장 한 사람만 잡아당기지.
경찰 희한하네.
이장 지키고 있어도 소용없어. 가서 다른 일 봐.
경찰 예?
이장 아, 해마다 지켰지, 안 지켰겠는가. 귀신이 하는 일을 사람이 어떻게
     막아.
할머니 사람이 함부로 하지, 귀신이 어디 함부로 하는가.
이장 그럼, 수고하고, 저기, 아주머니 모시고 가, 응?
경찰 아니, 저기, 아저씨!

     이장, 나간다.
     할머니와 둘이 남은 경찰, 주위를 둘러본다.
     바람 소리.
     경찰, 할머니 옆에 얌전히 앉는다.

경찰   저, 할머니. 진짜 귀신이 있어요?

할머니 못 봤냐?

경찰   못 봤는데요.

할머니 욕심이 많으면 안 뵈는 거야. 귀신은 욕심이 없어야 보이지.

경찰   저 욕심 없는데요.

할머니 그래? 그럼 곧 보이겠지.

경찰, 천천히 고개를 돌려 할머니를 본다. 혹시 귀신 아닌가? 뭔가 이상한
듯, 학생이 서 있는 쪽으로 걸어간다. 긴장한 학생. 경찰, 학생의 코 앞까
지 가서 자세히 본다.

그때 여자의 비명.

경찰과 학생, 함께 비명.

젊은 부인, 급히 뛰어 들어온다.

경찰   아주머니, 왜 그러세요?

젊은 부인 저쪽에, 누가 계속 쫓아와요!

경찰   어느 쪽요?

젊은 부인 저쪽 느릅나무 있는 쪽.

경찰, 반대쪽으로 간다.

젊은 부인 저쪽이라니까요!

경찰   아, 네!

경찰, 젊은 부인이 가리키는 쪽으로 뛰어가다가 다시 돌아온다.

경찰   아무도 없는데요.
젊은 부인 마을금고 옆길로 오는데 누가 계속 쫓아오는 것 같아서 일부러 큰
        길로 돌아왔어요. 그랬는데 세상에, 공원 입구에서 뒤를 돌아보니까
        시커먼 게…
경찰   귀신일 겁니다!
젊은 부인 네?

        혼령들, 숨는다.

젊은 부인 분명히 시커먼 그림자를 봤다니까요!
경찰   그림잡니다!
젊은 부인 며칠 전부터예요. 이제 저녁에 운동도 못 하겠어요.
경찰   운동은 아침에 하는 것이 좋습니다! 저 그럼 이만…

        경찰, 경례를 하고 짧은 기합 소리와 함께 절도 있게 나간다.

할머니 상수야! 얘가 왜 안 와, 날도 저물었는데. 상수야! 얼른 가자!

        젊은 부인, 무서운지 할머니 곁에 꼭 붙어 앉는다.

젊은 부인 할머니 어디 사세요?
할머니 양수리 647 다시 2번지. 경로당 뒤에.

젊은 부인 사탕 드릴까요?

할머니 무슨 사탕인데.

젊은 부인 (주머니에서 사탕을 꺼내며) 박하사탕요.

할머니 응.

　　젊은 부인, 할머니에게 사탕을 건넨다.

　　먹고 싶은 꼬마. 두 사람 쪽으로 다가간다.

　　젊은 부인이 할머니에게 사탕을 건넬 때 꼬마가 손을 대니 두 개가 된다.

　　마술처럼. 사탕을 입에 넣고 오물거리는 할머니와 꼬마.

젊은 부인 우리 엄마가 좋아했는데. "입이 쓰다, 입이 쓰다" 그러면서. 맛이 어
　　때요, 할머니?

할머니 (끄덕이며) 내가 만나면 얘기해줄게.

젊은 부인 네?

할머니 사탕 줘서 맛있게 먹었다고.

젊은 부인 우리 엄마 돌아가셨는데요?

할머니 그러니까 내가 얘기해 준다고.

젊은 부인 죽은 사람하고도 얘기하세요?

할머니 그럼.

　　주위를 둘러보는 젊은 부인, 누군가 계속 자신을 쫓아오는 느낌에 불안하
　　다.

젊은 부인 할머니, 얼른 가요! 금방 어두워질 거예요.

할머니 (꼬마에게) 맛있냐?

        화들짝 놀라는 혼령들.
        젊은 부인, 할머니를 바라본다.

라이더 (꼬마에게) 너, 들킨 거 아냐?
할머니 (웃으며) 다 보여, 이놈들아.

        다시 놀라서 기겁하는 혼령들. 집사는 목에 건 십자가를 할머니에게 들이
        댄다. 집사의 뒤로 숨는 학생.

젊은 부인 누구하고 얘기하시는 거예요?
할머니 얘네들.

        젊은 부인, 할머니가 가리키는 쪽을 본다.

라이더 (할머니에게 조심스럽게) 그, 그럼, 우리가 모두 몇 명인데요?
할머니 (웃으며) 사내 놈이 셋, 꼬맹이 계집애가 하나, 합이 넷이네.
라이더 뭐야!
학생   엄마!
집사   사탄!
할머니 사탕 주랴?

        집사, 놀라서 입을 틀어막는다. 할머니, 입에서 사탕을 꺼내 집사에게 내

민다.

할머니 자, 먹어라.
라이더 귀신이 곡할 노릇이네, 이거?
할머니 얼른 받아.

    집사, 사탕을 받을 때 두 개가 된다. 역시 마술처럼.

할머니 사이좋게 나눠 먹어.

    집사, 사탕을 입에 넣는다.

할머니 (라이더를 보고) 넌 낯이 익다?

    라이더, 얼굴을 가린다.

젊은 부인 엄마한테 저, 잘 살고 있다고 전해 주세요, 아주 잘 살고 있다고.

    할머니, 그럼 사탕을 하나 더 달라고 손을 내민다.

젊은 부인 (사탕을 하나 더 건네며) 꼭 전해 주셔야 해요?
할머니 (사탕을 받으며) 응.
젊은 부인 (잠시 생각하다가 사탕을 통째로 건네며) 자요, 다 드세요!

할머니, 사탕 통을 손에 들고 잠시 보다가 일어난다.

젊은 부인 왜요, 할머니?
할머니 지금 가서 데리고 올게.
젊은 부인 누굴요?
할머니 엄마.

할머니가 나가면 젊은 부인, 따라간다.

젊은 부인 같이 가요, 할머니!

라이더와 집사, 두 사람이 나가자 안도의 한숨.
그때 학생이 소리친다.

학생 (강 쪽을 가리키며) 저기 봐요! 어제 그 아이!

세 혼령, 다리를 바라본다. 다리 위에 하늘이가 보인다. 혼자다.
스산한 바람이 불기 시작한다. 갑자기 안개가 깔리면서 시야가 흐려진다.
배밭 종소리.

하늘이 아빠! 무서워!

하늘이, 자기 의지대로 몸이 움직이질 않는 듯.
하늘이 아빠, 강 건너편 버드나무에 기대어 잠들어 있다. 기절한 사람처럼.

라이더 (의미심장하게) 음, 빠르네. 힘도 굉장하고.

집사　네?

라이더 쟤한테 붙은 귀신 말이야.

집사　혹시 뛰어내리는 거 아냐?

라이더 누구야, 도대체! 어떤 귀신이 장난을 치는 거야! (망원경으로 강물을 살
　　　피며) 없잖아, 아무도!

그때 뭔가에 홀린 듯 난간으로 올라가는 하늘이.

꼬마　어, 올라간다!

학생　난간으로 올라가고 있어요. 어떡하죠!

라이더 (망원경으로 살피고) 아직은 아니야. 쟤 얼굴을 보면 알아. 아직 시간이
　　　있다고. 누군지 빨리 찾아내야 해!

그때 기이한 소리와 함께 푸른 빛이 빠르게 지나간다.

집사　(십자가를 들고) 뭐야! 뭐가 지나간 거죠?

라이더 도대체! 뭐야, 저건?

빛의 움직임이 점점 빨라진다.
그때 학생, 갑자기 뛰어나간다.

라이더 이봐, 학생! 어쩌려고 그래!

다리의 난간으로 올라가 있는 하늘이 모습이 보인다.
학생, 어느새 다리 아래까지 가 있다. 애타는 눈빛으로 바라보다가 하늘이 쪽으로 다가간다.

라이더 그래봤자 네가 할 수 있는 일은 아무 것도 없어!

학생, 난간으로 기어 올라가서 하늘이의 다리를 붙잡는다.

집사   야! 그래봤자 소용없다니까!

강 건너편 하늘이 아빠, 잠결에 중얼거린다.

하늘이 아빠 (잠꼬대처럼) 하늘이 엄마… 달리 살아갈 방도가 없어… 제발, 하늘이 엄마…

하늘이, 몸을 떤다.

하늘이 아빠! 추워!

하늘이 아빠, 눈을 뜬다. 정신을 차리고 다리 위를 바라본다.

하늘이 아빠 (놀라서) 하늘아! 안 돼, 하늘아!

하늘이 아빠, 허둥대며 다리 쪽으로 달려간다.
이 모습을 지켜보는 라이더와 집사.

라이더 아이뿐만 아니라 아이 아빠도 홀린 거야. 지금이라도 들어가서 누군지
　　　　찾아내야지!
집사　　예!

　　　　라이더, 집사, 물속으로 뛰어들려 할 때 요란한 소리와 함께 유성이 할머
　　　　니의 혼령이 유성이를 이끌고 등장한다.

유성이 하늘아!

　　　　하늘이, 고개를 돌려 유성이를 본다.
　　　　유성이, 할머니의 도움을 받아 난간으로 기어 올라간다.
　　　　모두가 숨죽여 위태로운 광경을 지켜본다.
　　　　한 걸음 한 걸음 조심스럽게 접근하는 유성이. 간신히 하늘이의 손을 잡
　　　　는다.
　　　　혼령들, 안도의 한숨.
　　　　긴장이 풀린 하늘이, 유성이의 품에 안기며 기절한다. 유성이, 하늘이를
　　　　안고 난간에서 내려온다.

라이더 멋지군!

근처에서 하늘이 아빠, 그 모습을 멍하니 바라본다. 두 사람에게 다가가려던 발걸음을 멈추고, 뒤돌아 천천히 걸어 나간다.

집사 저 할머니는 대체 누구죠?
라이더 (유성이 할머니에게) 저, 뉘신지?
유성이 할머니 (유성이를 가리키며) 저 아이 8대조 할머니.
라이더 아!
유성이 (하늘이를 안고) 꿈에서 널 봤어. 네가 물 위에 둥둥 떠서 날 부르고 있었어. 오필리어처럼. 그런데 바로 그때 뭔가 하얀 게 펄럭이면서… 치마 같은 게 펄럭이면서 "일어나라, 일어나라!" 그러는 거야.
유성이 할머니 (치마를 펄럭이며) 나야, 나!

혼령들, 부러운 눈으로 유성이 할머니를 바라본다.

유성이 할머니 유성이, 쟤네 할아비가 나한테 지극정성이거든.
라이더 틀림없이 조상귀신이야!
집사 조상귀신요?
라이더 그래, 조상귀신! 우리하고 스타일이 다르잖아. 자손들이 잘 모시면 저렇게 조상귀신이 되는 거야.

유성이 할머니, 자신감 넘치는 포즈.

라이더 우아하면서도 고상하잖아!
집사 그러네요. 피부부터 다르네요!

라이더 게다가 우리에겐 없는 능력을 가졌지.

꼬마　어떤 능력?

라이더 산 사람을 움직이는 능력!

　　세 혼령, 부러운 눈빛으로 유성이 할머니를 바라본다.

라이더 그 능력으로 자손들을 돌봐주는 거야! 저렇게!

　　유성이 할머니, 세 혼령 앞으로 와서 경직된 혼령들을 사열하듯 훑어본다.

유성이 할머니 너희들, 다 여기 사니?

라이더 네!

유성이 할머니 (라이더에게) 뭐 하는데?

라이더 다리를 지킵니다.

유성이 할머니 네가 대장이니?

라이더 네.

집사　대장은 특수부대 출신입니다.

유성이 할머니 그렇구나. (꼬마를 보고) 네가 제일 나이가 많구나?

꼬마　응.

유성이 할머니 언제 죽었는데?

꼬마　해방되고 나서.

유성이 할머니 왜?

꼬마　얼음 위에서 썰매 타다 빠져 죽었어.

유성이 할머니 (집사의 십자가를 보고) 너는 교회 다니니?

집사	네.

유성이 할머니 그래. (모두에게) 그럼, 또 보자. 나, 간다!

라이더 저, 잠깐만!

유성이 할머니 왜?

라이더 어떻게 하면 산 사람 꿈에 나타날 수 있습니까?

유성이 할머니 산 사람 꿈속으로 들어가고 싶니?

라이더 네.

유성이 할머니 음… 그건 말이다, 귀신 맘대로 되는 게 아니란다. 산 사람이 귀
신을 움직여야지. 널 움직일 만한 사람이 없나 보다?

라이더, 유성이 할머니를 뚫어지게 쳐다본다.

유성이 할머니 왜, 기분 상했니?

라이더 아닙니다.

유성이 할머니 그럼 왜 그렇게 쳐다보니?

라이더 부러워서요.

유성이 할머니 누구 꿈에 들어가고 싶은데?

라이더 우리 아들…

유성이 할머니 그렇구나.

라이더 새아버지하고 잘 살라고 얘기해주려고…

유성이 할머니 그래. 그런 따뜻한 마음으로 노력하면 꼭 아들 꿈속에 들어갈
수 있을 거야. 행운을 빌게. 그럼, 진짜 간다!

꼬마	잠깐!

유성이 할머니 왜 또!

꼬마   어떻게 하면 엄마를 만날 수 있어?

유성이 할머니 (슬픈 눈으로 꼬마를 바라보며) 아직 엄마를 못 만났니?

꼬마   응.

유성이 할머니 가엾어라.

꼬마   죽어서 귀신 되면 만나야 하는 거잖아. 왜 못 만나는 거야?

유성이 할머니 (꼬마를 안아주며) 그건 말이다, 일반적으로 사람이 죽으면 다
        귀신이 돼서 만나는 거로들 알고 있지만…

꼬마   ?

유성이 할머니 사실은 그렇지 않단다.

꼬마   그럼?

유성이 할머니 너의 경우는… 먼저 엄마가 네 앞에 나타날 수 없는 처지에 있
        거나 아니면…

꼬마   아니면?

유성이 할머니 (하늘이를 바라보며) 저 멀리, 그러니까 또 다른 세계에 가 있을
        수도 있지.

꼬마   또 다른 세계?

유성이 할머니 그래. 그러니까 우리처럼 귀신으로 살다가 하늘로 올라가 무한
        한 시간 속에서 살아가는 거야.

        꼬마, 하늘이를 바라본다.

유성이 할머니 (꼬마의 눈을 보며) 그 세계를 이해하기엔 네가 너무 어리구나!

        꼬마, 눈물을 훔친다. 유성이 할머니, 그런 꼬마를 달랜다.

유성이 할머니 용기 잃지 말고. 나도 신경 써서 찾아볼 게. (시계를 보고) 어머
　　　나 좀 봐, 나 이제 진짜 간다, 그럼 안녕!

　　　유성이 할머니, 미끄러지듯 사라진다.
　　　라이더, 집사, 꼬마, 유성이 할머니가 사라진 쪽을 바라보고 서 있다.
　　　유성이, 그 사이 하늘이를 안고 다리에서 내려와 벤치에 누인다. 학생, 힘
　　　없이 두 사람을 본다.
　　　하늘이 아빠가 급히 달려온다.

유성이 (하늘이 아빠에게) 다행이에요, 아저씨.
하늘이 아빠　(하늘이의 얼굴을 쓰다듬으며) 그래. 그래. 미안하다, 하늘아! 미
　　　안하다! 내가 나쁜 생각을 해서… 미안하다, 하늘아!
라이더 (유성이에게) 야, 니네 할머니 진짜 멋있다!

　　　그때 강물 속에서 다리 위로 솟아오르는 푸른 빛. 하늘이 주위를 돌다가
　　　교각 아래 거꾸로 매달린다. 서서히 드러나는 얼굴. 여자의 혼령이다.
　　　그 움직임에 긴장하는 라이더, 집사, 학생, 꼬마.
　　　찬 기운을 느낀 유성이, 하늘이를 감싸 안는다.

하늘이 아빠　(교각 쪽을 쳐다보며) 여보, 하늘이 엄마!

　　　암전.

이틀 뒤 새벽. 같은 장소.
모자를 눌러 쓴 청년이 벤치 주위를 어슬렁거린다. 인기척이 나자 뒤쪽으로 몸을 숨기는 청년.
젊은 부인, 가벼운 발걸음으로 들어온다.

젊은 부인 아이, 시원해! (강바람을 몸에 안으며) 바람! 음, 상쾌한 새벽!

젊은 부인, 핸드폰을 꺼내 들고 이어폰을 귀에 꽂는다.
청년, 살금살금 젊은 부인에게 접근한다. 주머니에 손을 넣고 젊은 부인 뒤에 선 청년. 주위를 살피다가 주머니에서 수건과 흉기를 꺼낸다.
그때 이장의 목소리.

이장 (소리) 반장님!

젊은 부인, 듣지 못한다.
청년, 급히 도망친다.
이장, 운동복 차림으로 등장.

이장 반장님!

이장, 젊은 부인 앞에 서서 손을 흔든다.

젊은 부인 (이어폰을 빼고) 어머, 이장님! 웬일이세요, 이 시간에?

이장　(주위를 둘러보고) 누구예요, 그 사람?

젊은 부인 누가요?

이장　아, 좀 전에 여기 있던 젊은 남자요.

젊은 부인 (놀라서 일어나며) 아무도 없었는데?

이장　(반대쪽으로 가서 다시 살피고) 저쪽으로 가던데.

젊은 부인 아무도 못 봤는데, 어떻게 생겼어요?

이장　호리호리하고. 모자 쓰고.

젊은 부인 어머나!

　　　　젊은 부인, 이장에게 몸을 기댄다.

젊은 부인 며칠 전부터 이상했어요.

이장　조심해야죠. 요즘은 어딜 가나 위험하잖아요, 세상이 험해져서!

젊은 부인 그러게 말이에요.

이장　난 또 테니스 동호회 사람인가 싶어서… 쫓아가 볼까요?

젊은 부인 아니, 가지 마세요! 혼자는 무서워요.

　　　　젊은 부인, 이장에게 바짝 다가간다. 이장, 젊은 부인을 가만히 안는다.
　　　　사이.

젊은 부인 (몸을 빼며) 왜 안 나오셨어요, 사람들이 다 궁금해하던데.

이장　아, 집사람이 아파서… 가게 봐줄 사람이 있어야지요.

젊은 부인 어머나 그러셨구나. 그런데 이 시간에…

이장　아, 운동 좀…

젊은 부인 저도 밤에는 무서워서 새벽에 운동하기로 했거든요.

이장　새벽에도 조심해야 해요. 사고는 밤낮 안 가리고 일어나니까요.

　　　젊은 부인, 돌아서서 조용히 다리 쪽을 바라본다.

젊은 부인 작년에는 여대생이 빠졌잖아요? 이맘때쯤인가.

이장　해마다 이맘때죠. 작년에는 자살인지 뭔지도 모르고.

젊은 부인 자살요? 나 같은 사람도 사는데.

이장　예?

젊은 부인 (해맑게) 그래도 살아야죠. 열심히 살아가야죠.

이장　아, 오죽하면 죽을 결심을 하겠어요.

젊은 부인 이 세상에 '내가 없어도 되겠다' 싶으면 죽는 거잖아요, 그렇겠죠?

이장　그런가?

젊은 부인 나를 꼭 필요로 하는 사람이 있을 땐 못 죽잖아요.

이장　애들 데리고 같이 죽잖아요.

젊은 부인 가엾어라!

이장　가엾지요.

젊은 부인 난, 날 필요로 하는 사람도 없어요.

이장　아이고, 아니죠! (사이) 있겠죠.

　　　물안개가 걷히고, 다리가 보인다.

　　　다리 위로는 하늘이와 하늘이 아빠. 두 사람, 같은 곳을 바라보고 서 있다.

젊은 부인 (다리 쪽을 보면서) 어? 저기, 저 사람들 어제도 서 있었는데…

이장　(같은 쪽을 보고) 어, 저, 샘골 형님 아닌가? 아니 왜 이 시간에 저러고
　　　있대, 심란해서 참 못 봐주겠네.

젊은 부인 아는 분이세요?

이장　예, 저기 뭐냐, 신원리 사는데요, 안 됐지요.

젊은 부인 ?

이장　자주 오네. (젊은 부인을 보고) 아, 딸이 좀 아파서… 형수도 죽고…

젊은 부인 왜요?

이장　아침부터 좀 그렇지만, 자살했어요.

젊은 부인 어머나!

이장　작년 가을에. 친정 간다고 나가서는…

젊은 부인 가엾어라!

이장　애가 저 모양이 되고 나니 힘들었겠지요.

젊은 부인 애가 왜요?

이장　저기 뭐냐, 성폭행을 당했어요, 작년 봄에.

젊은 부인 짐승 같은 인간들!

이장　짐승이죠. 손이 귀한 집안인데 형수가 몸이 약했어요. 딸 하나 겨우 낳
　　　아서는 애지중지 키웠는데…

젊은 부인 정말 안됐네요!

이장　국수집이 잘 됐었지요, 손맛이 좋아서.

　　　젊은 부인, 눈물을 글썽이며 다리 쪽을 바라본다. 이장, 젊은 부인의 어깨
　　　에 손을 올린다.

이장 문 닫았다지 아마. 아, 저러고 다니니 형편이 어떻겠어요, 말이 아닐 텐데…

젊은 부인 그런데 뭘 보고 있는 걸까요?

이장 아, 애가 저러고 있으니까 따라붙어 있는 거지, 뭐 볼 게 있겠어요.

젊은 부인 어제 새벽에는 동상인 줄 알았어요, 하도 안 움직여서.

이장 아 그러네요, 그것참, 음…

이장, 젊은 부인을 안고 다리 쪽을 바라보며 중얼거린다.

이장 나중에 밥이나 한 끼 같이 해야 할 텐데… 뭐가 좋으려나… 추어탕이나 한 그릇 먹여 보낼까 어쩔까… 술은 입에도 못 대는 양반이니까 그것참… 이럴 땐 술 한잔씩 걸치는 것도 나쁘지 않을 텐데… 참 그러네…

사이.

이장 (조용하게) 어제 새벽에도 봤다고요?

젊은 부인 (끄덕) 이 시간에요.

이장 그러면 뭐냐, 저기… (놀라서 큰소리로) 쟤가 죽을라나?

젊은 부인, 이장, 서로 쳐다본다.

이장 설마! 아 그리고 저렇게 저 형님이 딱 붙어 있는데 뭔 일이 있겠어요?

젊은 부인, 다리 위를 계속 보고 있다.
배밭 종소리, 요란하게 울린다.
이장, 놀라서 젊은 부인한테서 떨어진다.
다시 울리는 배밭 종소리.
꼬마, 썰매를 타고 등장. 학생이 뒤따른다.

학생   (꼬마를 뒤쫓으며) 할머니!
꼬마   (젊은 부인을 보고) 사탕!
학생   그러다가 물에 빠져요!
꼬마   사탕!
학생   사탕 많이 먹으면 충치 생겨요!

갑자기 하늘에 먹구름이 몰려온다. 금방이라도 쏟아부을 기세.
두 사람, 두 혼령, 하늘을 올려다본다.

젊은 부인 일기예보에 비 얘기 없었는데.
이장   아, 믿을 걸 믿어야지요. 어휴, 먹구름이…

사방이 어두워진다.

이장   저기 평상 쪽으로 가요.

두 사람, 뛰어나간다.

금세 밤처럼 어두워졌다.

다리 위에 하늘이와 하늘이 아빠.

다리 밑에 라이더와 집사.

불빛이 없으면 사람을 알아보기 힘들 정도로 어둡다.

청년이 도망치듯 뛰어 들어오고, 반대편에서 유성이가 청년을 가로막고
선다.

비가 쏟아지기 시작한다.

유성이   너, 신원리에서도 저 애 쫓아다녔지. 너 뭐야!

청년   비켜! 빨리 비켜!

유성이   (가로막으며) 다 봤어! 저 애를 쫓아서 여기까지 온 거 맞잖아! 왜 쫓아
다녀, 왜!

청년, 돌아서는데 유성이가 뒤에서 덮친다. 뿌리치는 청년.

유성이   (다시 가로막으며) 너 쟤가 어떤 앤 줄 알아? 아픈 애를 왜 쫓아다녀, 너
성폭행범이지?

청년   이게, 비키라니까!

청년이 유성이에게 덤빈다. 유성이를 쓰러뜨리고 때리기 시작한다. 학생
과 꼬마, 비명을 지른다. 유성이, 얻어맞으면서 청년의 발을 잡고 늘어진
다.

꼬마   애 죽겠다!

학생　어떡해!
꼬마　대장 불러!
학생　대장! 대장!

　　　비를 피해 다리 밑에 자리 잡은 라이더와 집사. 뭔가를 마시고 있다.

꼬마　대장! 저러다 애 죽이겠다고!

　　　라이더의 목소리가 강변에 울려 퍼진다.

라이더 산 사람 일에 아무 때나 끼어들지 마라!
학생　무서워요!
라이더 그래도 끼어들지 마라!

　　　유성이를 떼어내고 청년이 급히 사라진다.
　　　신음하며 쓰러져 있는 유성.

꼬마　야, 대장! 약 발라야 하겠다!

　　　라이더, 말이 없다.

꼬마　대장이 뭐 그러냐!
라이더 난 다리 밑에서만 대장이다.
꼬마　치사하다!

라이더 치사해도 할 수 없다!

　　　　꼬마와 학생이 큰 나뭇잎을 꺾어 와 유성이 곁에 앉아서 빗물을 막아준다.

라이더 귀신 신세 참 처량하다.
집사　　다 주님이 뜻하신 대로 이루어질 거예요, 믿으세요.

　　　　라이더, 집사를 힐끗 쳐다보곤 눈을 감는다.

집사　　이번에는 막을 수 있을까요?

　　　　대답 대신 뭔가를 또 마신다.

집사　　작년에도 못 막았잖아요.
라이더 방심해서 그런 거야.
집사　　재작년에도…
라이더 그땐 경험이 부족했고.

　　　　천둥소리.

집사　　대장은 왜 이 다리를 지키는 거죠?
라이더 너는 왜 교회 다니냐?
집사　　하나님을 믿으니까요.

라이더, 집사를 쳐다본다.

집사   구원 받으려고요.
라이더 나도.
집사   예?
라이더 나도 사람 살리고, 귀신 살리고, 구원 좀 받으려고 그런다, 왜!

다시 천둥소리.

라이더 나라고 여기서 이러고 있으라는 법 있냐? 그곳으로 올라가고 싶다. 고
       통 없는 곳으로! 시간도 없고, 공간도 없는, 무한의 세계로 가고 싶다
       고!

다리 위에 하늘이와 하늘이 아빠, 비닐우산을 쓰고 그림처럼 서 있다.
벤치에 쓰러져 있는 유성이, 그 곁에 커다란 나뭇잎을 든 학생과 꼬마, 그
림처럼 앉아 있다.

라이더 (하늘이를 가리키며) 저기 저 아이를 불러낸 귀신! 빨리 나와라! 지금이
       라도 나오면 용서해준다!
집사   빨리 나와라!

천둥소리 커진다.

라이더 이 다리는 우리 관할이다! 반칙하면 곤란하다!

174

집사 (노래) 지금까지 지내온 것 주의 크신 은혜라
한이 없는 주의 사랑 어찌 이루 말하랴
자나 깨나 주의 손이 항상 살펴주시고
모든 일을 주 안에서 형통하게 하시네
(…)

다시 한번 천둥소리.

라이더 이게 다 강바닥을 파헤쳐 놔서 그런 거야. 여기저기 건드려 놓으니까 귀신들이 정신을 못 차리고, 우왕좌왕… 자기 자리를 못 찾고 이리저리 헤매다 보니, 이게 질서가 없잖아, 엄한 데 와서 애를 끌어당기질 않나.

그때 푸른 불빛이 번쩍.
강의 모든 혼령이 깨어난다.

라이더 어쨌든 빨리 나와라! 우리도 피곤하다! (사이) 아무리 그래도 그렇지, 이러면 안 되지!

다리 위에 우산을 쓴 두 사람, 하염없이 검은 하늘을 바라본다.
배밭 종소리.
찬송가 소리.

암전.

4.

다음날 오후.

벤치에 하늘이, 유성이, 하늘이 아빠가 앉아서 빵을 먹고 있다. 유성이, 하늘이에게 음료수를 건넨다.

유성이 너 이거 좋아하잖아.

하늘이 (고개를 끄덕이며) 응.

유성이 많이 먹어.

하늘이 응.

유성이 우리 관악부 대회 나가던 날, 생각나? 체육관 올라가는 계단에 앉아서
　　　이거 마셨는데. 둘이서.

　　　하늘이, 생각한다. 갸우뚱.

유성이 캔에 든 게 없어서 페트병으로 샀잖아. 맛있었는데.

　　　하늘이, 말없이 빵을 먹는다.

유성이 천천히 먹어.

하늘이 응.

하늘이 아빠 (유성이에게) 학교 안 가냐.

유성이 일요일이잖아요.

하늘이 아빠 그래.

　　　사이.

하늘이 아빠 할아버지, 할머니 걱정하신다. 고3인데.
유성이 괜찮아요.
하늘이 아빠 그래도.

　　　긴 사이.

하늘이 아빠 좋아질 거야, 너무 걱정하지 말고. 서울서 아버지는 자주 오시
　　　냐?
유성이 네.
하늘이 아빠 너희 새엄마도 좋은 분 같더라.
유성이 네. 좋아요.
하늘이 아빠 내려올 때 마다 우리 집에 꼭 들르셔, 너 잘 부탁한다고.
유성이 네.

　　　유성이, 일어나려는데 고통스럽다. 하늘이 아빠, 유성이를 부축해서 일으
　　　킨다.

하늘이 아빠 많이 맞았냐?
유성이 아뇨.
하늘이 아빠 그게 왜 겁 없이 대들어, 신고하지.

유성이 꼭 잡을 거예요.

하늘이 아빠 그 놈 잡아서 뭐 하게.

유성이 그래도 잡을 거예요.

하늘이 아빠 (웃으며) 경찰대학 가라.

유성이 (웃으며) 네.

사이.

하늘이 아빠, 다리 쪽을 바라본다.

하늘이 아빠 곧 집으로 갈 거야. 맘 잡고 공부해. 너는 좋은 대학 가야지.

유성이 네.

하늘이 아빠 너 서울대학 갈 수 있지?

유성이 (웃으며) 네.

하늘이 아빠 그래. 네가 공부 잘한다고 하늘이가 걱정했어. 오빠는 좋은 대학
        갔는데 지는 못가면 어떡하냐고.

유성이 하늘이 공부 잘 하잖아요.

하늘이 아빠 (웃으며) 그래. 무슨 과 갈 거냐?

유성이 아직 모르겠어요. 뭘 해야 할지…

하늘이 아빠 쟤는 외교관 된다고 했다가, 선생님 된다고 했다가, 영어를 공부
        해서 미국에 간다고 했다가… (웃음) 제까짓 게 무슨 미국을 가. (유성
        이에게) 너희 둘이 같이 가자고 약속했냐?

유성이 아… 네… 저…

하늘이 아빠 그래? 그럼, 우리 고추밭 팔아야겠네.

두 사람, 웃는다.

유성이 저, 아저씨. 여기서 뭘 기다리시는 거예요?
하늘이 아빠 기다리긴…

유성이, 하늘이 아빠를 유심히 쳐다본다.

하늘이 아빠 쟤가 여길 좋아하니까…
유성이 하늘이가요? 그런 얘기 안 하던데. (하늘이에게) 너 여기 좋아하니?
하늘이 (고개를 끄덕이며) 응!
유성이. 그래?
하늘이 (고개를 끄덕이며) 응!
유성이 뭐가 좋아?

하늘이, 생각해본다.

유성이 강물, 강 안개는 우리 동네에도 있고. (주위를 살피며) 저 다리?
하늘이 (고개를 끄덕이며) 응!
유성이 그래? 그럼 나하고 같이 가볼래?

하늘이, 물러앉으며 고개를 젓는다.

유성이 아냐, 그냥 해본 소리야.
하늘이 아빠 (하늘이에게) 네가 좋아하는 오빠잖아, 유성이.

하늘이, 못 들은 척 빵을 먹고 있다.

하늘이 아빠 너댓 살 먹은 애처럼 저러다가 또 어느 날은 정신이 돌아와. 며
     칠이고 방 안에서 꿈쩍도 안 하고…
유성이 (하늘이에게) 괜찮아, 좋아질 거야.

하늘이 아빠, 자리를 비켜주려는 듯 일어나 강가로 간다. 유성이, 하늘이
아빠의 뒷모습을 바라본다.

유성이 (생각난 듯) 수학 선생님, 학교 안 나온다, 너희 반에 예린이라고 있지,
     열나 설치는 애, 걔하고 나 참 어이없어서, 밖에서도 만나고 그랬다나
     봐. 교장이 알아가지고 잘린 거지, 뭐. 그런데도 걔, 아무렇지도 않나
     봐. 학교 잘 다녀. 그리고 관악부 신입 애들 진짜 개념 없어, 연습 안
     하고 째는 건 보통이고, 이젠 악장한테도 개긴대. 니가 악장 했으면 안
     그럴 텐데… 플루트도 엉망이야. 우리가 간섭할 일도 아니지만…

유성이, 가방에서 뭔가를 꺼낸다. DVD.

유성이 이거, 〈해리 포터〉 마지막 편. 너 이거 못 봤잖아. 생일 선물로 산 건데
     계속 가방 속에 있었어.

하늘이, DVD를 받아들고 자세히 본다.

유성이 벌써 1년이 지났네. 〈혼혈 왕자〉하고 〈죽음의 성물 1부〉는 같이 봤는
데… 이제 다 끝났어… 아쉽지만… 서울에서 처음 전학 왔을 때, 중3
때, 〈해리 포터〉만 봤어, 온종일. 그것 말고는 정말 할 게 없었어. 너
만난 다음부터 안 보게 된 거야.

배밭 종소리.
하늘이, 놀라서 몸을 움츠린다.
유성이, 소리가 나는 쪽을 원망스럽게 바라본다.
하늘이 아빠, 벤치로 돌아온다.

하늘이 아빠 (하늘이를 일으키며) 자, 가자. (유성이에게) 넌 얼른 집에 가.

하늘이 아빠, 하늘이를 데리고 갈 채비.

유성이 아저씨!

하늘이 아빠, 돌아본다.

유성이 저 다리에서 해마다 사람이 떨어진다는데… 아세요?
하늘이 아빠 (다리 쪽을 보고) 그래?
유성이 그렇대요. 꼭 한 사람씩 떨어진대요.
하늘이 아빠 물귀신이 있나 보다.

하늘이 아빠, 하늘이를 데리고 나간다.

혼자 남은 유성이, 두 사람이 나간 쪽을 바라본다.

강바람이 습하다.

해가 남아 있지만 산 그림자가 내려앉은 강가는 어둑하다.

유성이, 주위를 한 번 둘러보고, 시간을 확인한 후 결심한 듯 눈을 감는다.

기다림.

그때 라이더, 집사, 학생 등장. 꼬마, 자치기를 하면서 따라 들어온다. 학생, 시무룩하다.

라이더 틀림없다니까. 처음 여기 왔을 때 애 아버지가 다리 위에서 중얼거리는 소릴 들었어. "하늘이 엄마, 제발 이 아이를 좀 데리고 가줘, 제발!" 애 아빠가 귀신을 부른 거야.

집사 그렇게 안 보이는데.

라이더 그렇게 안 보이지만 부른 거야, 자기도 모르게.

집사 그래요?

라이더 그렇게 해주길 바란 거야. 그래서 귀신이 움직인 거야. 귀신이 그냥 움직일 리 없지.

집사 그 얘길 왜 지금 하세요?

라이더 지금 생각났어.

꼬마 하늘이 엄마가 쟬 어떻게 데려가? 쟤 엄마도 귀신이야?

집사 그렇다니까.

꼬마, 집사를 쳐다본다.

집사 (태도를 바꾸어) 그렇다니까요.

꼬마 　하늘이 엄마가 쟬 어디로 데려가는데?
라이더 　그건 모르지! 죽어봐야 알아.

　　　　꼬마, 라이더를 쳐다본다.

집사 　그럼, 저 아이의 엄마가 여기 와 있다는 거네요?
라이더 　그래. 틀림없어.

　　　　두충나무 위에서 새소리.
　　　　유성이, 눈을 뜬다. 자연스럽게 가방에서 책을 꺼낸다. 읽는다.
　　　　학생, 못마땅한 듯 유성이를 바라보고 서 있다.
　　　　라이더와 집사, 팔장을 끼고 서서 흐르는 강물을 바라본다.

라이더 　우리 관할 지역에 와서, 애를 물로 끌어들이면 어떻게 하겠다는 거야!
집사 　귀신이 꼭 한 군데 있어야 되는 건 아니죠?
라이더 　여행이야 괜찮지. 아무 데나 가서 자기 집처럼 맘 내키는 대로 하면 되
　　　　겠어? 그러면 다 뒤섞여 엉망이 되잖아.

　　　　꼬마, 작은 가지를 쳐서 멀리 보낸다.

꼬마 　우아!

　　　　꼬마, 가지를 주우러 달려간다.
　　　　라이더와 집사, 학생 쪽을 본다.

학생, 여전히 유성이가 못마땅하다.

라이더 학생!

학생, 돌아본다.

라이더 너, 걔 질투하지?
학생　질투는 무슨.
라이더 너, 그 여자애한테 반했지?
학생　아니라니까요!
라이더 아니긴 맞는데. (유성이를 보고) 그놈 잘생겼다.
집사　그러네요.
학생　내가 죽어서 그래요! 나도 저 정도는 됐어요. 나 좋아하는 여자애들 많
　　　았어요.
라이더 (학생 어깨에 손을 얹고) 그래도 정 붙이지 마라. 쟤들은 쟤들이고 너는
　　　너야, 음? 귀신이 마음 흔들리면 산 사람들 고생한다. 명심해!

학생, 물끄러미 유성이를 쳐다본다.

라이더 자, 출동! 오늘 밤에 틀림없이 나타날 거야. 지금부터 비상 경계 태세
　　　에 들어간다!

라이더, 집사, 꼬마 나간다.
배밭 종소리.

유성이, 소리 나는 쪽을 쳐다본다.
멀리 보이는 교각 사이로 푸른 빛. 번쩍.

학생   (유성이에게) 야, 너 고3이지. 수능이 몇 달 남았는데 이러고 다니냐.
대학이 중요하지 여자가 중요하냐. 조금만 참으면 대학 가서 얼마든지
하고 싶은 거 할 수 있잖아. 인생이 결정되는 거야, 이걸로. 그걸 못 참
니? 인생이 요 몇 달로 결정되는 거라구. (울먹거리며) 음악 들으면서
무슨 공부를 해!

학생이 유성의 스마트폰에 연결된 이어폰 줄을 빼버리자 음악이 새어 나
온다. 유성이, 무릎에 떨어진 이어폰을 한번 보고 나서 다시 한 곳을 뚫어
지게 바라본다.

학생   집중 못하면 시간만 버리는 거야. 그리고 "대학 나오면 뭐 하냐", "명
문대 나와도 취직 못 하는 사람 많더라", "그러니까 자기가 하고 싶은
걸 해야 한다", 그런 말 믿지 마. 그거 다 못 하니까 하는 소리야. 진짜
공부 잘하는 애들, 성적 좋은 애들은 다 취직하고, 다 잘 풀려. 속지 마,
무조건 대학이야, 대학! 알았어?

유성이, 책을 내려놓고 주위를 둘러본다. 다시 기다림.
어둠이 깔리기 시작하는 강변.
학생, 유성이가 보던 책을 훑어본다.

학생   〈죄와 벌〉? 이런 거 읽을 시간이 있냐? 이건 뭐야, (수학 문제집을 찾아

내곤 잘 걸렸다는 듯) 너, 수학 4등급도 안 나오지? 이거 봐, 이러니까
틀리지. 수학은 일단 개념이 중요해. 어려운 문제 붙들고 씨름하는 것
보다 기본 개념을 먼저 익혀야 한다고.

학생, 바닥에 풀이 과정을 적는다.
유성이, 두려움을 떨쳐버리려는 듯 음악의 볼륨을 올린다.

학생   2번 문제는 다항함수 미분법이잖아. 곱의 미분법을 이용해서 식을 유
       도하는 거야.

학생은 문제를 풀고, 유성이는 음악에 맞춰 춤을 추기 시작한다.

학생   (울음을 참으며) 다항함수 $f(x)$, $g(x)$가 $\lim (x\rightarrow3) f(x)-2/ x-3 =1$, $\lim$
       $(x\rightarrow3) g(x)-1/ x-3 =2$를 만족시킬 때 함수 $y=f(x)g(x)$의 미분계수를
       구하는 문제잖아. 먼저 $y=f(x)g(x)$를 x에 대해서 미분하면 $y'= f'(x)$
       $g(x)+f(x)g'(x)$ 가 되니까, $y'|x=3 =f'(3)g(3)+f(3)g'(3)$이지.

학생의 손이 더 빨라진다.
유성이, 더 격렬하게 몸을 흔든다.

학생   (눈물을 닦으며) 여기서 극한값이 존재할 때 분모에 $x=3$을 대입하면 0
       이니까 분자도 같은 방법으로 0이 된다는 걸 이용하면 돼. 우선 $\lim$
       $(x\rightarrow3) f(x)-2/ x-3 =1$에서 $x\rightarrow3$일 때 분모 $x-3$이 0이니까 $\lim (x\rightarrow3)$
       $\{f(x)-2\} =0$, 그래서 우선 $f(3)=2$라는 걸 알았지? 그러면 이걸 아까

위에 식에 대입해…

학생, 바닥에 주저앉아 서럽게 운다.
그때 경찰이 등장해서 춤추고 있는 유성이를 지켜본다.
유성이, 경찰과 눈이 마주치자 춤을 멈추고, 음악을 끄고, 벤치에 앉는다.

경찰　(아주 무게 있는 말투로) 학생, 여기서 뭐 해?
유성이　공부하는데요.
경찰　요즘은 공부를 그런 식으로 하나? (메모를 하며) 집이 어디야?
유성이　신원리요.
경찰　신원리가 다 니네 집이야? 몇 번지.
유성이　왜 물어보는데요?
경찰　뭐?
유성이　왜 물어보냐구요.
경찰　필요하니까 물어보지.
유성이　왜 필요한데요.
경찰　성폭력범들이 들끓고 있는 거 몰라? 범죄가 의심되면 불심검문을 할
　　　수 있는 거야.

경찰이 유성의 가방을 뒤지려 하자 유성이 가방을 빼앗는다.

유성이　검문 수칙이 있잖아요. 지킬 건 지켜야죠, 경찰이. 소속하고 신분부터
　　　말하세요.
경찰　나 참. 너 같이 검문을 거부하는 게 당연하다고 생각하는 사람들 때문

에 강력범죄가 늘어나는 거야. 특히 미성년자는 범죄 예방 차원에서 보호할 의무가 있는 거고. 수칙? 가르쳐 줄 테니까 따라와. 파출소로 가서 얘기해.

유성이 (시간을 보며) 아저씨, 나 바빠요. 나중에 얘기해요.

경찰 여러 소리 말고 따라 와!

유성이 아 진짜 이러고 싶지 않은데…

유성이, 일어선다. 경찰, 잔뜩 긴장해서 물러선다. 유성이, 여유 있게 신발 끈을 조여 맨다. 그리고 뛰어나간다.

경찰 어, 야! 서! 거기 안 서!

경찰, 유성이를 쫓는다. 매우 느리게.
사이.
길게 늘어진 나무 그림자가 서서히 사라지면서 이상한 기운이 감돌기 시작한다.
뒤쪽에서 하늘이 엄마의 혼령이 천천히 걸어 나온다. 처음으로 드러난 모습. 평상복인데 푸른 빛이 어리어 있다.
배밭 종소리가 요란하게 울린다.
주위가 푸른 빛으로 얼어붙은 듯하다.
학생, 천천히 뒤돌아 하늘이 엄마를 발견하고 놀란다.

학생 으악!

하늘이 엄마 놀랐니?

학생   (뒷걸음질 치며) 누구세요?

하늘이 엄마 공부를 아주 잘하는구나.

학생   1등급이에요.

하늘이 엄마 그래? 우리 하늘이도 공부를 참 잘 했는데… 아줌마 처음 보지?
        난 다 보고 있었어.

        하늘이 엄마, 다리 쪽을 바라본다.
        하늘이 엄마가 사라지려 할 때 청년이 뛰어 들어오고, 뒤따라 하늘이 아
        빠가 쫓아온다.

청년   (흉기를 꺼내들고) 오지 마! 죽여버릴 거야.

학생   엄마!

하늘이 아빠 지난번에 삼거리 가게 앞에서 도망친 놈도 너지! 뭘 하려는 거
        야! 너, 왜 쟤 뒤를 쫓아다니는 거야. 저 불쌍한 애를 너 같은 놈들이
        또… 짐승만도 못한 놈!

        하늘이 아빠가 청년을 넘어뜨린다.

하늘이 아빠 너 같은 놈은 죽어야 해!

청년   (칼로 위협하며) 오지 마!

        하늘이 아빠, 청년을 잡으려 달려들다 그가 휘두른 칼에 팔을 베인다. 한
        쪽 팔을 잡고 무릎을 꿇는 하늘이 아빠. 청년, 도망친다.

하늘이 아빠 (신음하며) 하늘이 엄마! 저 아일 꼭 데려가 줘, 하늘이 엄마! 이
　　　　　런 꼴을 보고 있다면… 데려가야지! 이제 더는 못 견뎌… 하늘이 엄마!

　　　하늘이 아빠의 외침과 동시에 하늘에서 강한 빛이 번쩍.
　　　그리고 이어서 뭔가가 갈라지는 소리.
　　　하늘이 엄마, 하늘이 아빠 앞에 선다. 표정 없이 하늘이 아빠를 바라본다.
　　　하늘이 아빠 눈에는 하늘이 엄마가 보일 리 없다.

하늘이 아빠 하늘아! 넌 꼭 좋은 데로 갈 거다. 엄마 따라가라, 여기선 못 산
　　　　　다. 이런 데선 못 살아! 엄마 따라 좋은 곳으로 가라!
하늘이 엄마 그래요, 하늘이는 내가 데려가요!

　　　하늘이 엄마, 눈에서 푸른 빛이 쏟아져 나온다. 하늘이 아빠, 그 기운에 휘
　　　감긴 듯 정신이 혼미하다.

하늘이 엄마 걱정 말아요. 성한 사람은 어떻게든 살아야죠. 데려갈 거예요,
　　　　　내가 데려가요!

　　　하늘이 아빠, 뭔가에 홀린 사람처럼 주위를 둘러본다.
　　　하늘이 엄마, 어느새 사라지고 없다.
　　　학생, 그 광경을 지켜보다가 황급히 뛰어나간다.
　　　잠시 정적.
　　　주위를 휘감고 있던 기운이 서서히 녹아내리고, 나뭇잎이 소리 내며 가늘
　　　게 떨린다.

하늘이 아빠, 꿈에서 깬 사람처럼 주위를 둘러본다.

하늘이 아빠 (넋 나간 사람처럼) 하늘이 엄마! 아니지… 하늘아!

하늘이 아빠, 바닥에 주저앉는다.

하늘이 아빠 아, 하느님! (어리둥절히) 내가 무슨 생각을 하고 있었던 거지? 아
니야, 아니야… 하늘아!

하늘이 아빠, 강 건너편을 바라본다.
버드나무 아래 서 있는 하늘이. 아빠를 기다린다.
하늘이 아빠, 일어나려 하지만 몸이 마음대로 움직이지 않는다.

하늘이 아빠 (겨우 일어나서) 거기서 기다려! 아빠가 곧 갈 테니까… 하늘아…
하늘아…

하늘이 아빠, 중얼거리며 나간다.
바람이 거세지면서 강물이 역류하는 것처럼 보인다.
다리 위, 교각 사이로 푸른 빛이 질주한다.

암전.

5.

석양 무렵.

강의 혼령들이 다리 주변에 모두 모였다.

형체는 불분명하지만 다른 혼령들도 여기저기 모습을 드러낸다.

그때 푸른 빛이 번쩍하더니 다리 위에 하늘이 엄마가 모습을 드러낸다. 그 뒤를 하늘이가 따른다.

강의 오른쪽 다리 아래 하늘이 아빠가 안절부절못하고 서성거린다.

정자나무 아래에는 지친 유성이가 잠들어 있다.

이윽고 라이더의 목소리가 울려 퍼진다.

라이더 전 대원들은 들어라! 외지에서 온 자가 저 아이를 물속으로 끌어들이려 한다. 모두 힘을 합하면 저 아이를 끌어올릴 수 있다. 잘 알다시피 우리의 힘은 산 사람에게 직접 닿지 않는다. 산 사람을 움직여서 저 아이를 물 위로 끌어올려야 한다!

집사 한 사람에게 힘을 집중해야 하지 않을까요?

라이더 사람이 지나가야 힘을 집중하든지 말든지 할 거 아냐! 오늘따라 왜 다리 위로 사람이 안 지나가?

집사 저 밑에 큰 다리를 새로 놓잖아요. 이 다리는 위험해서 곧 없앤대요.

라이더 진작에 없앨 것이지, 그랬으면 나도 안 떨어졌을 거 아냐!

강의 왼쪽 다리 아래로 젊은 부인, 이장, 그 뒤로 경찰이 따라 들어온다.

젊은 부인 봐요, 내 말이 맞지! 그냥 서 있는 게 아니라니까요. 뭔가 이상해요.
　　　　 애 아빠도 안 보이잖아요.
이장　　 (강 건너편에 있는 하늘이 아빠를 발견하고) 어, 저기 형님 아닌가?
경찰　　 맞아요, 그 아저씨.
이장　　 (큰 소리로) 형님!

　　　　 하늘이 아빠, 발이 묶인 것처럼 다리 위로 올라가지 못하고 그 자리에 서
　　　　 있다.

이장　　 안 들리나 보네.
젊은 부인 왜 저기 서 있는 거죠?
이장　　 그러게. (다시 큰 소리로) 형님!
젊은 부인 (불안해하며) 아무래도 이상해요.
이장　　 아이참, 괜한 걱정을 하고 그래요. 저기서 형님이 다 보고 있는데요,
　　　　 뭐. (사이) 아, 그나저나 저기 건너편에 불빛이 참 좋네요.
젊은 부인 아, 왜 자꾸 이상한 생각이 들지? 저 아이를 보면 마음이 너무 아파
　　　　 요. 왠지, 알 것 같은 느낌이 들어, 저 아이 마음을. "사람들은 날 싫
　　　　 어해. 사람들은 날 쳐다보기만 하고 아무 말도 하질 않아."
이장　　 아니라니까요. 다 좋아해요.

　　　　 경찰, 두 사람을 물끄러미 쳐다본다.

학생　　 경찰은 뭐 하죠?
라이더　 누구든 신고를 해야 경찰이 움직이지.

애올다리 위로는 193

그때 할머니의 목소리.

할머니 (소리) 경찰! 경찰!

두 사람, 놀라서 돌아본다.
할머니가 휠체어를 타고 소리치며 나온다. 목소리는 힘이 넘치지만 정신
은 나간 듯하다.

이장   아주머니 왜 또 나오셨어요, 어두운데.
할머니 경찰을 찾아!
이장   누가요?
할머니 귀신들이!
경찰   왜요! 내가 뭘 잘못했는데요?
할머니 다리에서 귀신들이 찾아! 애가 떨어질 거야!
경찰   안 떨어졌는데.
젊은 부인 거 봐요.
이장   귀신들이 그래요?
할머니 응.
이장   (경찰에게) 저기, 일단 전화해 봐!
경찰   어디에요?
이장   119에.
경찰   (전화기를 들고) 여보세요! 119죠. 저기 다리 위에 사람이 있는데요. 전
        화를 하라고 하네요, 떨어질지도 모른다고. 아뇨, 아직 안 떨어졌는데

요, 곧 떨어질 거라고… (사이) 예? 아 경찰이에요. (사이) 예, 예…

경찰, 통화하면서 천천히 나간다.
혼령들, 조급해졌다.

라이더 저것들을 어떻게 믿어!

집사 그럼 어떡하죠? 아무도 안 지나가는데요.

꼬마 (생각났다는 듯) 그 할머니!

귀신들 뭐?

꼬마 그때 그 할머니! (치마를 펄럭이는 시늉을 하며) 그 할머니 불러!

라이더 훌륭해! 아주 똑똑해! (확성기로) 모두 잘 들어라! 도움이 필요하다.

혼령들, 번쩍거린다.

라이더 자, 유성이 할머니, 그러니까 8대조모(祖母)를 불러온다! 우린 할 수 있
      다! 온 힘을 다해 이곳으로 불러온다!

혼령들, 제각기 힘을 쏟아붓는다. 그 힘이 모여 여러 가지 기이한 소리를
낸다. 그 소리가 바람 소리와 뒤섞여 강 위에 흐른다.

라이더 조금만 더! 거의 다 왔어! 조금 더 힘을 내!

소리의 흐름이 더 빨라진다.
잠시 후 피리 소리와 함께 불빛이 보이고, 유성이가 잠에서 깨어난다.

유성이 하늘아!

　　　그때 유성이 엄마의 혼령, 화려한 음악에 맞춰 미끄러지듯 나타난다.
　　　동시에 유성이가 다리 쪽으로 뛰어간다. 순식간에 하늘이 옆으로.
　　　학생, 화려한 의상의 유성이 엄마를 유심히 살펴본다.

학생　　(유성이 엄마를 살펴보고) 닮았는데, 아니잖아요.

　　　모두, 유성이 엄마를 자세히 본다.

꼬마　　그 할머니 맞아!

　　　라이더와 집사, 미심쩍다.

라이더　저, 뉘신지?
유성이 엄마　(유성이를 가리키며) 나, 쟤 엄마!
라이더　아! 그런데 여긴 어떻게…
유성이 엄마　쟤네 새엄마가 나한테 지극정성이거든.
할머니 엄마　귀신 둘이 붙었다!
이장　　엄마 귀신?

　　　마른하늘에 날벼락이 번쩍.
　　　하늘이 엄마, 하늘이를 데리고 난간으로 올라간다.

196

젊은 부인 아이가 난간으로 올라가네요!

유성이 하늘아! 안 돼! (조심스럽게 손을 내밀며) 이리 와.

라이더 이봐! 과감하게, 그냥 잡아끌어!

유성이 (과감하게) 이리 와!

　　　하늘이, 유성이를 내려다본다.

유성이 꿈에 널 봤어. 네가 천사처럼 날개를 달고 높은 곳에 떠 있었어. 그리
　　　고 뭔가 번쩍이면서… 금은보석 같은 것들이 번쩍이면서 날 부르는 거
　　　야 "유성아! 일어나라, 유성아!"

유성이 엄마 (몸에 치장한 보석들을 보여주며) 나야, 나!

　　　혼령들, 역시 부러운 눈으로 유성이 엄마를 바라본다.
　　　라이더, 정신이 혼미하다.

유성이 엄마 내가 뉴욕에서 사업할 땐데, 돈 버느라고 건강도 못 챙기고…
　　　(유성이를 보고) 결국 쟤를 놔두고 먼저 왔거든. 쟤가 벌써 고3이야.

하늘이 엄마 (하늘이에게) 무서워하지 말고 하늘만 보면 돼.

　　　하늘이, 가만히 하늘을 올려다본다.

하늘이 엄마 노을이 예쁘지?

하늘이 응, 엄마.

하늘이 엄마 엄마가 너무 미안해, 하늘이한테. 끝까지 지켜주지 못해서. 하지
        만 이제 다 끝났다. 이제 안 아플 거야. 널 미워하는 사람도 없을 거고.
        엄마하고 함께 가자. 널 지켜줄게.
하늘이 엄마. 우리 하늘로 가는 거야?
하늘이 엄마 글쎄, 어디로 가고 싶니?
하늘이 하늘.
하늘이 엄마 그래?
하늘이 파란 하늘!

        두 사람, 하늘을 바라본다.

하늘이 엄마 그래, 그럼 하늘로 가자.
하늘이 그래서 내 이름이 하늘이구나! 하늘로 가니까.
하늘이 엄마 그래, 맞아.
하늘이 엄마. 저 하늘 너머엔 뭐가 있어?
하늘이 엄마 너, 어렸을 때도 그렇게 물었었지? 네 마음속에 그리는 게 있을
        거야.
하늘이 엄마, 저 하늘 너머에… 끝이 있는 거야?
하늘이 엄마 엄마도 잘 몰라.
하늘이 엄마는 가 봤는데도 몰라?
하늘이 엄마 엄마도 끝까지는 안 가 봤어. 끝은 몰라.
하늘이 끝까지 가 보고 싶어.

        하늘이 엄마, 하늘이의 어깨를 보듬어준다.

하늘이 엄마   그래. 그렇게 간절히 원하면 갈 수 있을 기야.

　　　　하늘빛이 조금 더 붉어졌다.
　　　　두 사람 주위로 불빛들이 빠르게 지나간다.

하늘이 엄마   자, 이제 가자.
하늘이 엄마! 하늘은 파란데, 난 너무 더러워.
하늘이 엄마   아니야, 그렇지 않아.
하늘이 정말?
하늘이 엄마   그럼! 너도 하늘처럼 깨끗해.

　　　　하늘이, 엄마를 바라본다. 하늘이 엄마, 하늘이의 손을 꼭 잡는다. 하늘이,
　　　　강물을 한번 내려다보고, 다리 주변을 둘러본다.

학생　　떨어질 것 같아요! (유성이 엄마에게) 어떻게 좀 해 보세요!

　　　　그제서야 라이더, 집사, 정신을 차린다.

유성이 엄마   (유성이에게) 얘! 너, 그 위에서 구할 거니, 빠진 다음에 물속에서
　　　　　건져낼 거니?
할머니 (산 사람들에게) 얘! 너 그 위에서 구할 거니, 빠진 다음에 물속에서 건
　　　　　져낼 거니?
유성이 여기선 손을 쓸 수가 없어요! 얼어붙은 느낌이에요. (하늘이에게) 하늘

애올다리 위로는 199

아, 제발 이리 와!

하늘이 몸이 앞으로 쏠린다.

모두　어어어! 안 돼!
하늘이 아빠　하늘아!
하늘이 (아빠를 내려다 보고) 아빠…

　　하늘이 아빠, 움직이지 못하고 그 자리에 서 있다.

하늘이 아빠　안 된다, 하늘아! 안 돼! 아빠가 나쁜 생각을 해서 그런 거야. 내
　　가 잘못했다, 하늘아! 기다려, 아빠가 갈게!

　　그때 하늘이 몸이 다시 휘청.

모두　어어어!
하늘이 아빠　하늘아!
유성이 엄마　얘! 우선 다릴 잡아, 내가 도와줄 테니까!
혼령들 우리도 도와줄게!

　　유성이, 하늘이의 다리를 어렵게 잡고, 난간에 오르려 한다. 그러나 하늘
　　이 엄마의 힘을 당해낼 수 없다. 하늘이 엄마가 내려다보면 유성이가 바
　　람에 밀리듯 뒤로 밀려난다.

젊은 부인 별로 높지도 않은데 왜 못 올라가죠?

할머니 귀신이 붙었으니까.

젊은 부인 귀신?

할머니 애 엄마가 보통이 아니네. 귀신들이 다 붙어서 힘을 쓰는데도 안 되네.

이장 (신기한 듯 할머니를 보며) 통역이네, 통역.

유성이 엄마 (하늘이 엄마에게) 저기, 애기 엄마! 나도 애 키워봐서 그 마음 다 알아요! 그래도 어떡하겠어, 살아있는 목숨인데. 벌 받아요! 그러고 나면 애 아빠는 또 뭐야. 그리고 우리 애도 거기 매달려 있잖아, 쟤, 좀 있으면 수능이야, 쟤가 수학이 5등급이잖아. 저기, 이번 일만 넘어가 주면 내가…

배밭 종소리와 함께 순식간에 하늘이 엄마가 물속으로 뛰어든다.
동요하는 혼령들.

학생 먼저 들어갔어요!

집사 (라이더에게) 어떡하죠? 우리도 들어가나요?

라이더 (하늘이 엄마에게) 아주머니! 산에서 오셔서 물귀신에 관해서는 잘 모르시나 본데요, 아이를 끌어들이면 아이는 여기 귀신이 되고, 아주머닌… 아주머닌 파편처럼 산산조각이 나요! 그 순간이 얼마나 고통스러운지 모르시죠? 난 여러 번 봐서 잘 압니다. 원한으로 산 사람을 끌어들인 귀신은 온몸이 갈기갈기 찢겨 허공에 흩어져요! 그러니까 저 앤 여기 차가운 강물에 물귀신으로 남고, 아주머닌 여기저기 떠다니게 된다고요, 영원히!

라이더의 말이 끝나자 마자 하늘이 엄마, 물속에서 흥분한 듯 손을 뻗는다. 그러자 갑자기 주위가 어두워지면서 하늘이 몸이 거꾸로 떨어진다.

사람들 어어어!
혼령들 떨어진다!

'첨벙'하는 소리와 함께 하늘이 몸이 물속으로 빨려든다.
잠시 정적.

사람들 어떡해, 떨어졌어! 119! 빨리 신고해요!
경찰 (전화 받으며 천천히 등장해서 여유 있는 말투로) 지금 막 떨어졌네요. (사이) 예, 오세요, 예.

사람들, 다리 위로 모여든다.
웅성거림.

유성이 엄마 (유성이에게) 얘! 뭐 하니, 어서 들어가!
유성이 네?
유성이 엄마 어서 들어가서 구해 와!
유성이 알겠어요, 엄마!

유성이, 눈을 감고, 몸을 떤다.

유성이 엄마 빨리 가!

유성이, 고함에 놀라 비틀거리다 떨어진다. '첨벙'.

이장　아니 쟤도 들어가네. 수영을 할 줄 알려나 모르겠네.
라이더　자, 2단계! 무슨 일이 있어도 저 아이를 끌어올린다! 입수!

혼령들, 일제히 물속으로 뛰어든다. 여기저기 '첨벙', '첨벙'.
물속에서 웅성거리는 소리.

집사　없잖아요!
라이더　뭐야, 이거! 어디로 간 거야!
학생　여기도 없어요!
라이더　애 엄마는?
집사　안보입니다!
라이더　귀신이 곡할 노릇이네! 다 어디로 간 거야!

그때 한 줄기 빛이 내려와 사방을 환히 비춘다.
유성이, 그제서야 물 밖으로 고개를 든다.
혼령들, 빛이 내려오는 쪽을 바라본다.
마지막으로 하늘이 엄마가 모습을 드러낸다. 역시 놀란 눈으로 빛이 내려
오는 곳을 바라본다.
빛이 더욱 강해진다.
하늘이만 없다.

하늘이 아빠   하늘아!

　　　그때 멀리서 하늘이 웃음소리.
　　　하늘이 아빠, 어디선가 하늘이의 웃음소리가 들린 것 같아 하늘을 올려다
　　　본다.
　　　물속에서 고개를 내미는 하늘이 엄마. 하늘이를 찾는다.

하늘이 엄마   하늘아!

　　　멀리서 하늘이 목소리.

하늘이 (소리)   엄마!

　　　하늘이 엄마와 하늘이 아빠, 같은 곳을 올려다본다.

젊은 부인 못 찾나 봐요, 어떡해!
할머니 대장이 "귀신이 곡할 노릇"이래.
이장　대장이 누군데요?
할머니 용갑이, 벗고개 살던. 마누라 바람났다고 홧김에 오토바이 타고 가다
　　　가 다리에서 떨어져 죽었잖아. 걔가 여기 물귀신 대장이야.
이장　용갑이?
할머니 용갑이.
이장　아, 용갑이. (잠시 생각하다가) 걔는 여기서 방위 받았는데 거기 가서
　　　대장을 해요?

할머니 대장이야, 지금.

이장 허, 참!

젊은 부인 저기 구급차 오네요. 어떡해, 찾아야 할 텐데…

　　　빛이 있는 곳에서 소리가 난다. 배밭 종소리가 신비한 종소리로 바뀐다.
　　　모두 소리가 나는 쪽을 올려다본다.
　　　다리 위로는 강렬한 빛. 그 속에 하늘이가 있다. 하얀 옷을 입은 천사처럼
　　　보인다.
　　　하늘이의 웃음소리.
　　　혼령들의 탄성.

혼령들 아!

하늘이 엄마 하늘아!

　　　신비한 빛의 움직임과 함께 하늘이, 하늘로 올라간다.

혼령들 올라간다!

할머니 올라간다!

　　　사람들과 혼령들, 모두 하늘을 쳐다본다.

라이더 아이가 올라간다!

꼬마 저 아이는 어디로 가는 거야?

유성이 엄마 하늘로! 아, 말로만 듣던 광경을 내 눈으로 직접 보게 되다니!

집사　그럼, 저 아이는 물귀신이 되는 게 아니라…
라이더 하늘로 가는 거야. 하늘로!

　순간 하늘이 엄마의 몸이 공중에 떠오른다.

하늘이 엄마　잘 가라, 하늘아! 가서 아프지 말고!

　그리고 산산이 부서지는 하늘이 엄마. 뼈와 살이 모두 조각난다. 고통스
러운 신음이 강가에 퍼진다.
　혼령들, 하늘이 엄마의 몸이 부서지는 것을 차마 보지 못하고 고개를 돌
린다.

혼령들 아!

　하늘이 엄마, 사라지고 없는데. 목소리만 들려온다.

하늘이 엄마 (소리)　하늘아!
하늘이 (소리)　엄마!

　하얀 점처럼 작게 보이는 하늘이.
　이윽고 하늘이, 완전히 사라졌다.
　하늘이 아빠, 넋 나간 사람처럼 서 있다.

하늘이 아빠　하늘아!

사람들, 하늘이 아빠를 바라본다.
혼령들, 하늘이가 사라진 하늘을 오래도록 바라보고 서 있다.
마지막 종소리가 애올다리를 감싼다.

암전.

에필로그

다음 날, 석양 무렵.

다리 위.

이장, 젊은 부인이 다리 밑을 내려다보고 있다. 그 옆에 휠체어를 탄 할머니.

이장   형님이 참 안 됐네. (손수건을 꺼내 코를 한번 풀고) 해마다 이것이 뭔 조홧속이래.

젊은 부인 해마다 꼭 한 사람 씩이에요?

이장   그렇다니까요, 꼭 한 사람.

물소리 '찰랑'.

젊은 부인 좋은 데로 갔을 거예요.

이장   그래야죠.

두 사람, 고개를 들어 위를 바라본다.

할머니 상수야! 아, 귀신 나온다, 얼른 집에 가자!

젊은 부인, 문득 고개를 돌려 반대편을 바라본다. 소리 나는 쪽을 향해 가듯 발걸음을 옮긴다.

이장   왜요?

　　　　젊은 부인, 그 자리에 멈추어 선다.

젊은 부인 아니에요.
할머니 상수야!
이장   (할머니 쪽으로 가서 휠체어 손잡이를 잡고) 그래요, 얼른 집에 가요. 식
　　　　구들 걱정하겠네.

　　　　그때 물가에 작은 불빛들이 반짝거린다. 할머니, 가만히 그 불빛들을 내
　　　　려다본다.

할머니 조것들…

　　　　이장, 할머니의 얼굴을 본다.

할머니 속닥속닥… 속닥속닥…
이장   뭐가요?
할머니 귀신들이. 속닥속닥…

　　　　젊은 부인, 할머니 쪽을 돌아본다.

이장   (웃으며) 귀신이 뭐래요?

할머니 (웃음)

이장　신난대요? 또 하나 잡아가서?

할머니 (웃음)

　　　이장, 하늘이를 올려다보며 한숨.

이장　내년에는 또 누굴 끌어당기려나…

　　　이장의 말이 끝나면 젊은 부인, 천천히 고개를 돌려 정면을 바라본다. 뭔
　　　가를 찾는 듯한 표정.
　　　물소리 다시 '찰랑'.
　　　다리 위로는 강바람이 가늘게 울고 지나간다.

　　　암전.

　　　　　　　　　　　　　　끝.

　　　　　　　　　　　　　　2012

작 가 연 보

송선호Seonho Song

1963 서울 출생

공연

1991 에우리피데스Euripides 작 〈녹색 인간을 위한 진혼곡 (원작-히폴리투스
      Hippolytus)〉 각색·연출. 공간사랑 소극장
1992 〈바리데기〉 작·연출. 장흥토탈미술관 소극장
1993 소포클레스Sophocles 작 〈전사의 자식들 (원작-엘렉트라Electra)〉 각색·
      연출. 바탕골 소극장
1999 아이스킬로스Aeschylus 작 〈오레스테스 3부작Oresteia〉 연출. 두물워
      크숍
2003 마쓰다 마사타카松田正隆 작 〈바다와 양산海と日傘〉 번역·연출. 교토
      아트센터
2005 베스야쿠 미노루別役実 작 〈세상을 편력하는 두 기사 이야기諸国を遍歴
      する二人の騎士の物語〉 번역·연출. 아르코예술극장 소극장
      셰익스피어W. Shakespeare 작 〈로미오와 줄리엣Romeo and Juliet〉 각
      색·연출. 대전예술의전당 앙상블홀
2006 욘 포세Jon Fosse 작 〈가을날의 꿈Draum om hausten〉 연출. 아룽구지
      극장
2008 정영욱 작 〈남은 집〉 연출. 게릴라극장
2009 브라이언 프리엘Brian Friel 작 〈루나자의 춤Dancing at Lughnasa〉 연

출. 대전예술의전당 앙상블홀

이강백 작 〈죽기 살기〉 연출. 대학로예술극장 대극장

2010 〈유 돈 언더스탠드You don't understand〉 작·연출. 미마지아트센터 눈빛
극장

아돌 후가드Athol Fugard 작 〈메카로 가는 길The road to Mecca〉 연출.
대학로예술극장 대극장

2011 요나스 하센 케미리Jonas Hassen Khemiri 작 〈침입Invasion〉 연출. 아르
코예술극장 소극장

2012 브라이언 프리엘Brian Friel 작 〈몰리 스위니Molly Sweeney〉 연출. 미마지
아트센터 눈빛극장

2014 엘링 옙센Erling Jepsen 작 〈이 세상에 머물 수 있게 해달라는 남자Man-
den som bad om lov til at være her på jorden〉 연출. 세실극장

2016 〈어떤 동산〉 작·연출. 문화공간 엘림홀

2017 욘 포세Jon Fosse 작 〈나는 바람Eg er vinden〉 연출. 아르코예술극장
소극장.

2018 〈코스모스 속 세포 하나의 고독 (푸른 하늘 저 멀리 랄랄라)〉 작·연출. 미
마지아트센터 눈빛극장

2020 〈하늘 정원〉 작·연출. 대전 드림아트홀

수상

2004 한국연극평론가협회 올해의 베스트3 선정
2004 제1회 PAF 연출상
2005 제41회 동아연극상 작품상
2005 한국문화예술위원회 올해의 예술상
2011 PAF 예술상 주목할 신작 작품상

하늘정원 · 애올다리 위로는

송선호 희곡

초판 1 쇄 발행 | 2022년 2월 18일

발행인   이성임
발행처   동소문출판사
편집   김유경

동소문출판사
02833 서울특별시 성북구 동소문로 25-26 B1
출판등록 2021년 9월 29일 제 2021-000082호
전화 02)3674-6287   팩스 02)3674-6288

Published by Dongsomun Books
B1, 25-26, Dongsomun-ro, Seongbuk-gu, Seoul 02833, Korea
Phone 82 2 3674 6287   Fax 82 2 3674 6288

editor@dongsomun.com
www.dongsomun.com

© 2022 by Song Seonho. Printed in Seoul, Korea

정가 12,000 원
ISBN   979-11-976495-1-6 93680